D1719823

Heiko Schrang

DIE JAHRHUNDERTLÜGE,

DIE NUR INSIDER KENNEN

erkennen – erwachen – verändern

Macht-steuert-Wissen Verlag

Heiko Schrang

Die Jahrhundertlüge, die nur Insider kennen
erkennen – erwachen – verändern

7. Auflage

© Macht-steuert-Wissen Verlag, Mühlenbecker Land, 2013

ISBN: 978-3-9815839-0-8

Weitere Informationen zum Buch finden Sie unter:
http://www.macht-steuert-wissen.de

Buchcover-Gestaltung:

Eliane Mietke, Medien- und Grafikdesign, Berlin
© Macht-steuert-Wissen Verlag, Mühlenbecker Land, 2012

Druck und Bindung:

Media-Print Informationstechnologie GmbH, 33100 Paderborn

Alle Rechte vorbehalten
Besuchen Sie uns im Internet: www.macht-steuert-wissen.de

Bibliografische Informationen der Deutschen Nationalbibliothek
Die Deutsche Nationalbibliothek verzeichnet diese Publikation in der
Deutschen Nationalbibliografie; detaillierte bibliografische Angaben
sind im Internet unter http://www.dnb.ddb.de abrufbar.

MSW – Macht steuert Wissen, ist eine beim Deutschen Patent- und
Markenamt eingetragene und geschützte Marke.

DER AUTOR

Heiko Schrang, geboren 1969, begann 2009 mit dem Versand von ca. 1.000 Newslettern an interessierte Kunden. Mittlerweile publiziert er als Autor unter anderem bei dem bekannten Börsen-Onlinedienst wallstreet:online sowie auf MMNews und führt einen Blog bei Goldseiten.de. Seine Artikel bei wallstreet:online gehören zu den Meistgelesenen.

Der Newsletterversand erfolgt mittlerweile weltweit und seine Publikationen wurden allein im Jahr 2012 von über 500.000 Interessenten gelesen.

Weitere Informationen finden Sie unter: www.macht-steuert-wissen.de

Dieses Buch ist den Menschen gewidmet, die mich inspiriert haben: John Lennon, Mahatma Gandhi, Jim Garrison, dem XIV. Dalai Lama und allen, die auf der Suche nach der Wahrheit und dem **Sinn des Lebens** sind.

DANKSAGUNG:

Mein besonderer Dank gilt meiner Assistentin, Bente Rode, die mit ihrer Hingabe und Tatkraft maßgeblich zur Fertigstellung dieses Buches beigetragen hat. Vielen Dank auch meinem Lektor Jens Walter und René Krüger für ihre Unterstützung sowie meinen Kindern, Maximus und Aurelia Schrang, die unsere gemeinsame Zeit mit diesem Buch teilen mussten.

INHALTSVERZEICHNIS:

Teil 1

VORWORT VON MICHAEL MROSS

Der investigative Journalismus bekommt immer mehr Zulauf, was ich auch an der steigenden Leserzahl meiner Seite MMNews feststellen kann.

Ich schätze die Arbeit von Herrn Schrang und veröffentliche in regelmäßigen Abständen seine Artikel auch auf meiner Internetseite.

Herr Schrang hat einen prägnanten, leicht verständlichen Stil, auch komplexe wirtschaftliche und politische Zusammenhänge darzustellen, was ihm eine quer durch die Gesellschaft gehende, breite Anhängerschaft eingebracht hat.

Zunächst war ich skeptisch, da ich bislang noch auf kein Buch gestoßen bin, welches komplexe politische und wirtschaftliche mit spirituellen Themen verbindet. Genau hier liegt aber meines Erachtens auch der Reiz dieses Buches.

Es bleibt jedem Leser selbst überlassen, ob er das Buch von vorne bis hinten durchliest oder nur kapitelweise. Wer sich aber entscheidet dieses Buch komplett zu lesen, folgt damit der Idee des Autors, dass die Lösung der Probleme in unserer Gesellschaft auch in uns liegt und dass es der Eigenverantwortung des Einzelnen bedarf, um das große Ganze zu verändern.

Somit erweitern Sie Ihr Wissen gleich in zwei Bereichen mit diesem Buch.

Viel Spaß beim Lesen!

Michael Mross

VORWORT DES AUTORS

Meine stetig wachsende Leserschaft hat mich dazu ermutigt, die Themen, die ich auch in meinem Newsletter aufgreife, in einem Buch niederzuschreiben. Ich sehe die Zeit als gekommen, noch mehr Menschen über die Themen, die uns alle betreffen und größtenteils von den Mainstream-Medien verschwiegen werden, zu informieren.

Bei fast 500.000 Lesern im Jahre 2012 ging ich davon aus, dass ich mit offenen Armen von den Verlagen empfangen würde. Anfänglich sah es auch danach aus, da die Verlage ein Geschäft witterten. Nachdem ich mein Manuskript vorlegte, kam für mich überraschend eine Absage nach der anderen. Es wurde mir mitgeteilt, dass die behandelten Themen zu heikel seien. Ich müsste 40 % des Inhaltes meines Buches streichen, dann könne man es verlegen, so die Aussage der Verlage.

Das erinnerte mich doch sehr an Zeiten, als es in Deutschland noch eine Zensur gab. Dies hat mir wieder einmal mehr gezeigt, dass starke Abhängigkeiten zwischen Politik, Wirtschaft und Medien bestehen, auf die ich auch in meinen Publikationen immer wieder hingewiesen habe. Aus diesem Grund habe ich mich entschieden, das Buch selbst zu verlegen.

Die Recherchen für dieses Buch gestalteten sich nicht immer einfach, denn die Fakten, die wirklich interessant und brisant sind, finden sich meist nicht in den etablierten Medien. Diese gehören zu den Großen und Mächtigen, die keinerlei Interesse an der Verbreitung dieser Informationen haben, da sonst ihre Machenschaften aufgedeckt würden.

Es sind genau diese Informationen, die mich stets interessiert haben, z.B. mit welchem Geld hoch verschuldete Länder Kriege überhaupt finanzieren können, da selbst Aufständische Waffen benötigen und nicht ohne Sold kämpfen.

Die Frage ist nun, wer steckt hinter denen, die die Kämpfer und Rebellen finanzieren? Kein Guerillaverband und auch keine Armee kann ohne Waffen, Nachschub und Versorgung existieren. Selbst die aus Afrika bekannten Kinderarmeen brauchen Nahrung und Munition. Interessanterweise findet man bei genauerer Betrachtung immer wieder dieselben Namen, die den Nachschub finanzieren. Sie unterstützen im Kriegsfall meist beide streitenden Parteien, zu ihrem eigenen Vorteil.

Das kann nur funktionieren, weil sie eng mit Politik, Wirtschaft und Medien vernetzt sind und dort ihre Unterstützer finden. Da die Medien zum Teil auch über diese Krisenherde berichten, hat es den Anschein, dass dies objektiv erfolgt, was jedoch nicht der Fall ist.

Dasselbe Spiel läuft auch bei den Wahlen ab, bei welchen dem Bürger der Anschein vermittelt wird, dass er tatsächlich Einfluss auf die Politik nehmen könnte.

Das Ganze hat ein bisschen etwas von einer Theatervorstellung. Die Darsteller auf der Bühne spielen ihre Rolle und unterscheiden sich für das Publikum optisch nur durch Farben (rot, gelb, grün, schwarz). Wenn sie die Rolle gut spielen, schaffen sie es, das Publikum emotional in die Handlung zu verwickeln, so dass es passieren kann, dass sich das Publikum aufgrund des Gesehenen polarisiert. Es kommt zu heftigen Auseinandersetzungen zwischen einzelnen Zuschauern, ob gelb nun besser ist als rot oder schwarz besser ist als grün.

Es gibt jedoch einen, dem ist es völlig egal, für wen die einzelnen Zuschauer Partei ergreifen– den Eigentümer des Theaters - da alle Zuschauer ihren Eintritt entrichtet haben.

Denn mit diesen Einnahmen bezahlt er die Akteure auf der Bühne, die nach einem Drehbuch ihre vorgegebene Rolle zu spielen haben.

Wenn Wahlen nämlich etwas ändern würden, dann wären sie verboten.

Ich lade Sie ein, mit mir auf eine Reise in die Vergangenheit zu gehen, die Theaterbesitzer zu erkennen, aus dem Dornröschenschlaf zu erwachen und – soweit Sie dies wünschen - Ihr Leben zu verändern.

„Fast alle Menschen stolpern irgendwann einmal in ihrem Leben über die Wahrheit. Die meisten springen schnell wieder auf, klopfen sich den Staub ab und eilen ihren Geschäften nach, als ob nichts geschehen sei."

Winston Churchill (1874 – 1965)

WIE MAN AUS DEM NICHTS GELD ERSCHAFFT

„„„Wenn eine Regierung hinsichtlich des Geldes von den Banken abhängt, dann kontrollieren diese und nicht die Führer der Regierung die Situation, da die Hand, die gibt, immer über der Hand steht, die nimmt.

Geld hat kein Mutterland; Finanziers verfügen weder über Patriotismus noch Anstand; ihr einziges Ziel ist der Gewinn.""

Napoleon Bonaparte (1769 – 1821)

Eines der wohl bestgehüteten Geheimnisse, welches an keiner Universität gelehrt wird, ist die Tatsache, dass die amerikanische FED (Federal Reserve Bank) keine staatliche Einrichtung, sondern eine Privatbank ist, die im Jahre 1913 gegründet wurde.

Der Plan wurde 1910 auf Jekyll-Island (Bundesstaat Georgia) beschlossen. Der Gesetzentwurf der privaten Bankiers (Aldrich-Plan[1]) sah die Errichtung einer Zentralbank (Federal Reserve) vor. Unter der Führung der beiden Großfinanzgruppen Rothschild und Rockefeller gelang es, eine private Zentralbank zu schaffen, mit dem Recht eigenes Geld auszugeben, welches gesetzliches Zahlungsmittel wurde und wofür anfangs noch die amerikanische Regierung garantieren musste.

Zu diesem Zeitpunkt waren die wichtigsten Aktienbesitzer der FED[2]:

- Die Rothschildbanken in Paris und London
- Rockefellers Chase Manhattan Bank in New York
- Goldman Sachs Bank in New York
- Lazard Brothers Bank in Paris
- Israel Moses Seif Bank in Rom
- Warburg Bank in Amsterdam und Hamburg
- Lehman Bank in New York
- Kuhn Loeb & Co. Bank in New York

Dieses Unterfangen dürfte gegen die amerikanische Verfassung verstoßen haben. Article 1, Section 1 and Section 8 der US-Verfassung besagen nämlich mit aller Deutlichkeit: Das alleinige Recht des Gelddruckens liegt beim Staat!

Mit der Gründung der FED haben die damaligen US-Politiker als Erfüllungsgehilfen eines Konsortiums internationaler Bankiers jedoch ihre Macht an diese abgegeben.

Ebenfalls 1913 wurde der 16. Zusatzartikel zur amerikanischen Verfassung verabschiedet[3], der es nun der Regierung ermöglichte, das persönliche Einkommen der US-Bürger zu besteuern. Damit hatten sich die internationalen Bankiers den indirekten Zugriff auf das Privatvermögen der amerikanischen Staatsbürger verschafft. Die Privatbank FED funktioniert nach einem ganz einfachen Prinzip: sie produziert "Federal-Reserve-Noten" = Dollarscheine, diese werden dann für Obligationen (Schuldverschreibungen) an die US-Regierung verliehen, die dann der FED als Sicherheit dienen.

Diese Obligationen werden von der FED gehalten, die wiederum jährliche Zinsen darauf bezieht. Die Zinszahlungen durch den US-Steuerzahler steigen stetig an und dabei hat die FED nur der US-Regierung Geld geliehen und dafür die hohen Zinsen kassiert. Ihre Gegenleistung: farbig bedrucktes Papier namens Dollar. Der Kongressabgeordnete Charles A. Lindberg Senior (1907-1917), der Vater des berühmten Fliegers, nannte dieses Gesetz: „Das schlimmste Gesetzesverbrechen aller Zeiten. Das Finanzsystem ist einer Gruppe übergeben worden, die nur auf Profit aus ist. Das System ist privat und wird nur zu dem Zweck benutzt, aus dem Gebrauch des Geldes anderer Leute den größtmöglichen Profit zu erzielen."[4]

Am 21.11.2002 gab mittlerweile auch der jetzige US-Notenbankchef Ben Bernanke unumwunden zu: „Die US-Regierung verfügt über die Technologie, genannt Druckerpresse (oder heute ihr elektronisches Äquivalent), die ihr die Produktion so vieler US-Dollar erlaubt, wie sie wünscht – und das ohne Kosten."[5]

Dieses für die Initiatoren lukrative System hat zur Folge, dass seit Gründung der FED die Kaufkraft des Dollars um ca. 98 % zurückgegangen ist.

Die von der FED selbst bestimmte Höhe der Geldumlaufmenge „M3", wird seit März 2006 nicht mehr veröffentlicht. Sie wurde zum offensichtlichen Problem: Denn während sich in den letzten 30 Jahren die Gütermenge der Welt nur vervierfachte, hat sich die Geldmenge um das Vierzigfache vermehrt.[6]

Das interessante dabei ist, dass dieser Schwindel kaum jemandem auffällt. Hinzu kommt, dass die FED durch die Obligationen der US-Regierung das Pfandrecht, staatlich und privat, auf den Grundbesitz der gesamten Vereinigten Staaten von Amerika hat. Zahllose Gerichtsverfahren, um das FED-Gesetz rückgängig zu machen, waren bislang ohne Wirkung.[7]

Der erste, der es versuchte, war Präsident John F. Kennedy. Er wollte, kurz vor seiner Ermordung durch einen angeblich verrückten Einzeltäter, den Grundstein dafür legen, dass die US-Regierung wieder ihr eigenes, schuldenfreies Geld herausgeben kann. Damit wäre sie nicht auf durch Kreditaufnahme geschöpftes Geld angewiesen.

Am 4. Juni 1963 unterzeichnete John F. Kennedy ein präsidiales Dokument "Executive Order Number 11110", womit er das frühere Dokument "Executive Order Number 10289", mit dem am 23.12.1913 die Gründung der "Federal Reserve" beschlossen wurde, außer Kraft setzte. Präsident Kennedy wollte die Herstellung von Banknoten wieder in die Gewalt des Staates zurückzubringen. Er beabsichtigte, dem US-Kongress die selbstverständliche Macht zurückzugeben und das Staatsgeld zum Wohle der ganzen Nation zinslos in den Geldkreislauf der USA einzubringen.[8]

Es gibt Vermutungen, dass die erste Amtshandlung seines Nachfolgers, Lyndon B. Johnson, die war, auf dem Rückflug von Dallas nach Washington, noch im Präsidentenflugzeug, die "Executive Order Number 11110" rückgängig zu machen.[9]

Mittlerweile versuchen immer mehr Staaten sich dieses Betruges zu entziehen, indem sie ihre Handelsbeziehungen auf Euro-Basis umstellen wollen. Der Irak hatte Ende 2000 damit begonnen, sein Öl gegen Euro statt gegen US-Dollar zu verkaufen. Ferner stellte er seine nationalen Devisenreserven auf Euro um. Wären andere Ölstaaten dem Beispiel des Iraks gefolgt, hätten die USA enorme Verluste hinnehmen müssen.[10]

Unter diesem Gesichtspunkt sind auch die Konflikte mit dem Iran und Syrien zu verstehen.

Mittlerweile ist es soweit, dass selbst der ehemalige Notenbankchef, Alan Greenspan, offen erklärt: „Das US-Bankensystem ist voller Betrug, und wir benötigen viel schärfere Gesetze gegen den Betrug. Es wurden Sachen gemacht, die waren sicher illegal und in manchen Fällen ganz kriminell. Betrug ist eine Tatsache. Betrug schafft große Instabilität in den kompetitiven Märkten."[11] Und damit drückte er das aus, was der US-Kongressabgeordnete, Ron Paul, schon vor Jahren über die FED sagte: „Sie (die Federal Reserve) ist eine unmoralische Institution, weil wir dieser heimlichtuerischen Einrichtung die Befugnis gegeben haben, Geld aus dem 'Nichts' zu erschaffen - und wenn Sie oder ich so etwas täten, würde man uns als Geldfälscher brandmarken - so, warum also haben wir dieses Falschgeld legalisiert?"[12]

Damit hat Ron Paul Recht: Wenn der Bürger Geld druckt, dann wird es als Fälschung bezeichnet und mit aller Härte des Gesetzes bestraft. Wenn die Notenbank es macht, dann wird es als „Erhöhung der Geldmenge" bezeichnet.

Interessant ist, dass der Druck einer 100-Dollar-Note die FED lediglich einige Cents kostet. Der Staat verschuldet sich im Gegenzug dazu bei der FED für diese Note mit 100 Dollar. Darüber hinaus ist der Staat, und somit der Bürger, auch noch dazu verpflichtet, für diese geborgte Banknote Zinsen zu zahlen.

Es gab Zeiten, als Politiker für Fehlentscheidungen noch späte Reue zeigten, auch wenn es kurz vor ihrem Tod war. Präsident Woodrow Wilson, mit dessen Hilfe das Federal-Reserve-System eingeführt wurde, bereute später indem er sagte „Unsere große Industrienation wird durch ihr Kreditsystem in Schach gehalten. Das Wachstum der Nation und all unsere Angelegenheiten sind in den Händen von einigen wenigen Männern."[13]

Und kurz vor seinem Tod soll er gesagt haben: „Er sei getäuscht worden und habe sein Land betrogen."[14]

Die Knechtschaft durch das Kreditsystem, von dem Wilson sprach, beruht auf dem Zinseszins und damit auf dem exponentiellen Wachstum.

EXPONENTIELLES WACHSTUM
IST DER ZINS VERFASSUNGSWIDRIG?

„Geld wurde erfunden, um Tauschhandlungen zu tätigen. Und deshalb ist es an sich unerlaubt, für den Gebrauch des geliehenen Geldes eine Belohnung zu nehmen, die man Zins nennt."

Thomas von Aquin (1225-1274)

Unser Geldsystem basiert auf dem Prinzip von Zins und Zinseszins und nur die Wenigsten stellen sich die Frage, welche Auswirkungen dieses System auf sie persönlich hat. Wenn wir uns das exponentielle Zins-Wachstum ansehen, werden wir jedoch feststellen, dass es nicht ins Unermessliche anwachsen kann. Mehr noch, solch ein System muss nach einer gewissen Zeit zwangsläufig in sich zusammenbrechen.

Dazu ein Beispiel: Hätte Josef für Jesus bei dessen Geburt im Jahre Null 1 Cent zu 5 % Zinsen p.a. angelegt, dann hätte er nach 297 Jahren bereits eine Gesamtsumme von 10.000,00 Euro. Im Jahre 439 wären es schon 10 Millionen Euro. Nach 1466 Jahren könnte man die Anlagesumme nur noch mit einer Erdkugel aus Gold bemessen. Nach 1749 Jahren wären es bereits 1 Million Erdkugeln aus Gold und heute würden sich seine Erben über 200 Milliarden Erdkugeln aus Gold freuen können.[15]

Daran erkennen wir, dass jedes auf Zins aufgebaute System zwar immer eine gewisse Zeit lang funktionieren kann, es aber aufgrund des Zinseszins-Effektes, in der Spätphase dieses Systems, zu einem exponentiellen Anstieg der Geldmenge kommt. Das gilt sowohl für Guthaben als auch für Schulden. Da die Entwicklung in Richtung Unendlichkeit tendiert, es aber keine unendlichen Schulden geben kann, ist ein Zusammenbruch des Systems unausweichlich. Dass ein auf Zins aufgebautes Geldsystem von Zeit zu Zeit in einem Crash, Krisen oder Kriegen mündet, belegen hinreichend die Geschichtsbücher. Paul C. Martin hat im Anhang seines Buches „Sachwert schlägt Geldwert" eine eindrucksvolle Aufstellung unter dem Titel „3000 Jahre Geschichte - 3000 Jahre Revolution und Crash" aufgeführt[16].

Ein anderes Beispiel, um das exponentielle Wachstum besser zu verdeutlichen, ist folgendes:

Gehen wir davon aus, der Bestand von Seerosen in einem See hätte sich, mit einer Seerose beginnend, jährlich verdoppelt.

Nach 30 Jahren ist der See zu einem Viertel mit Seerosen bedeckt.

Wann bedecken die Seerosen wohl den ganzen See? Die Antwort lautet: Nach nur weiteren zwei Jahren! Denn bei einer Verdopplung ist der See nach einem Jahr zur Hälfte und nach einem weiteren Jahr vollständig zugewachsen.

30 Jahre lang konnte man die Seerosen als Zierde des Sees betrachten, innerhalb von nur zwei Jahren gibt es aber keine freie Stelle mehr auf dem See.

An diesem Beispiel kann man die ungeheure Brisanz, die im exponentiellen Wachstum liegt, erkennen. Es bildet sich eine exponentielle Kurve, die nur am Anfang langsam und dann immer schneller steigt. Aus diesem Grunde sind Zinseszinsen als gefährlich anzusehen. Leider wird dies in der Regel von den meisten Ökonomen nicht richtig eingeschätzt.

Der Zeitraum für die Verdoppelung einer Schuld aufgrund von Zinseszins lässt sich (wenigstens annäherungsweise) sehr einfach berechnen: Man braucht nur die Zahl 72 durch den jeweils geltenden Zinssatz zu teilen und erhält die Zeitangabe. Bei 6 % Zinsen verdoppelt sich eine Schuld alle zwölf Jahre. Nach 24 Jahren hat sich die ursprüngliche Schuld bereits ver-vierfacht. Der amerikanische Wirtschaftshistoriker John L. King beispielsweise nannte den Zins „die unsichtbare Zerstörungs-maschine" der so genannten freien Marktwirtschaft.[17]

Der Zins ist im wahrsten Sinne des Wortes eine schwere Last für jeden Staatshaushalt. Das lässt sich daran erkennen, dass die Zinsen, die Deutschland für seine Schulden zahlen muss, mittlerweile der zweitgrößte Posten im Bundeshaushalt sind[18]. Gut für die Gläubigerbanken, aber schlecht für den Steuerzahler.

Die von Politikern – meist vor den Wahlen – gegebenen Versprechungen des Schuldenabbaus, bzw. des in Aussicht gestellten ausgeglichenen Haushalts, sind nichts weiter als Lippenbekenntnisse, die aufgrund des beschriebenen Zinseszinseffekts nicht realisierbar sind. Solange die Geld- und Wirtschaftsstruktur nicht grundlegend geändert wird, ist sie von vornherein zum Scheitern verurteilt. Sie werden alle irgendwann von dem unbarmherzigen Wachstum des Zinses und der Kapitalien eingeholt und aufgefressen.

Prof. Dr. Dieter Suhr, Professor für öffentliches Recht, Rechtsphilosophie und Rechtsinformatik, Richter am Bayerischen Verfassungsgerichtshof, befasste sich mit der Frage, ob der Zins verfassungswidrig sei. Er legte Vorschläge vor, die massiv vom Mainstream abwichen, indem er an die Geld- und Wirtschaftstheorien von Pierre-Joseph Proudhon, Silvio Gesell und John Maynard Keynes anknüpfte.[19]

Prof. Suhr ging der Frage nach, ob durch die Tatsache, dass durch den Zins das Eigentum vom Schuldner auf den Kapitalgeber (Bank) übertragen wird, auch die Eigentumsgarantie des Grundgesetzes verletzt wird. Unsere Verfassung jedoch schützt dasjenige Eigentum ganz besonders, das aus persönlicher Arbeit und Leistung stammt. Daher ist die herrschende Auslegung des § 950 BGB nicht mehr ohne weiteres verfassungskonform.[20] Sie kehrt die Schutzprioritäten geradezu um, da sie dem aus Zins entstandenen Eigentum mehr Schutz einräumt, als dem Erarbeiteten.

Prof. Dr. Margrit Kennedy fasste die revolutionären Ausführungen Prof. Suhrs wie folgt zusammen:

„Wenn eine Verfassung gleichen Zugang der Individuen zu allen Dienstleistungen der Regierung garantiert - und das Geldsystem kann als solche aufgefaßt werden - dann ist es illegal, wenn in diesem System 10% der Bevölkerung aus dieser Dienstleistung ständig mehr erhalten, als sie bezahlen und das auf Kosten von 80% der Bevölkerung, die entsprechend weniger erhalten als sie dafür bezahlen."[21]

Da aber die Hochfinanz kein Interesse an einer Veränderung der bisherigen Geld- und Wirtschaftsstruktur hat, deren Nutznießer sie ist, sind die Thesen von Prof. Suhr ein schwerer Angriff auf das Fundament für ihren Profit.

Prof. Dieter Suhr konnte leider seine Thesen nicht weiter verfolgen, da er am 28. August 1990 im Alter von 51 Jahren auf einer Wander- und Besichtigungsreise auf Kreta bei einem merkwürdigen Unfall ums Leben kam.

Interessant dabei ist, dass zwischen 1989 und 1991 wichtige Köpfe der Wirtschaft z.b. Herrhausen, Rohwedder etc. ebenfalls „ums Leben kamen". Eines verbindet sie miteinander, und zwar, dass sie, nach dem historischen Fall der Berliner Mauer und lange vor der Euroeinführung, Alternativkonzepte zum bisherigen Geld- und Wirtschaftssystem aufstellten. Damit wurden sie zu einer Gefahr für die Nutznießer des bisherigen Konzepts und den Kräften, denen nicht an einer starken D-Mark gelegen war.

BONNS VERRAT AN DER D-MARK

„Es gab nur wenige Denunzianten,
aber ihre Zahl genügte,
um unbeschreibliches Unglück über die Menschen zu bringen."

Fritz Wöss (1920 - 2004)

Was lange als wohl gehütetes Geheimnis galt, dass Deutschland als Preis für die Wiedervereinigung seine D-Mark aufgeben musste, wird mittlerweile dem "unwissenden Teil der Bevölkerung" durch die Mainstream-Medien als Neuigkeit offenbart: So berichtete beispielsweise der Spiegel, im Jahre 2010, nachdem der Euro gegen den Willen der Bevölkerung ein fest verankertes Zahlungsmittel wurde, dass Frankreich als Preis für die Wiedervereinigung die Aufgabe der D-Mark zur Bedingung machte.[22] Interessant dabei ist, dass diese Behauptungen jahrelang in der Vorbereitungsphase des Euros von denselben Medienvertretern und Politikern als Verschwörungstheorie abgeurteilt wurden. So wurde beispielsweise die Zeitschrift CODE[23] zensiert, mit anderen Worten verboten, in der schon im Februar 1992 auf der Titelseite stand: Der Verlierer heißt wieder Deutschland - Bonns Verrat an der Deutschen Mark. Hier waren bereits alle Details zu diesem Thema veröffentlicht.

Was die öffentlichen Medien weiterhin verschweigen, ist die Tatsache, dass Helmut Kohl direkt durch den französischen Präsidenten François Mitterrand erpresst wurde. Sein angeblich großer Freund und selbsternannter Erbauer des Hauses Europa, machte die Wiedervereinigung davon abhängig, dass die D-Mark aufzugeben und ein Termin zur neuen europäischen Einheitswährung festzulegen sei.[24]

Laut bislang geheimen Dokumenten aus dem Archiv des Auswärtigen Amtes warnte Mitterrand unverblümt: Deutschland könne bald so isoliert dastehen „wie 1913". Ferner soll er gegenüber dem spanischen Ministerpräsidenten Felipe Gonzalez bereits 1987 erklärt haben: „In der Mark spiegelt sich die Macht der Deutschen wider. Das ist eine sehr starke Triebkraft, weit stärker als die Reflexe der Banker und sogar als die der Politik."[25]

Und 1988 erklärte er vor dem Ministerrat: „Die Deutschen sind ein großes Volk, das gewisser Attribute der Souveränität entbehrt und einen verminderten diplomatischen Status genießt.

Deutschland gleicht seine Schwäche durch seine ökonomische Stärke aus. Die Deutsche Mark ist gewissermaßen ihre Atomstreitmacht."[26]

In diesem Zusammenhang erwähnenswert ist die Ermordung des Vorstandschefs der Deutschen Bank, Alfred Herrhausen, am 30.11.1989. Er war einer der engsten Berater von Helmut Kohl und maßgeblich an seinem 10-Punkte-Programm beteiligt. In politischen Spitzenkreisen wurde das Attentat, welches angeblich die RAF verübt haben soll, als klare Botschaft an Kanzler Kohl angesehen. Er sollte nicht auf die Idee kommen, Deutschland hätte mit der Wiedervereinigung die Souveränität wiedererlangt.

Nur wenige Tage nach diesem Ereignis gab Deutschland dem Druck nach und schwenkte auf den französischen Kurs ein. Helmut Kohl stimmte beim Gipfel in Straßburg am 09. Dezember 1989, nur 4 Wochen nach dem Fall der Berliner Mauer, für den Beschluss, im Dezember 1990 die Regierungskonferenz zur Herstellung der Währungsunion einzusetzen. Das Ergebnis des Gipfels nannte er: "Insgesamt sehr gelungen". Was er wirklich empfand, berichtete er Jahre später, im Frühsommer 1997, in kleiner Runde: Damals "habe ich mit die dunkelsten Stunden meines Lebens durchgemacht". Er soll in diesem Gespräch auch gesagt haben, die Vereinigung in zwei Jahren wäre ein wirtschaftliches Abenteuer.[27]

Damit wurde das Ende der D-Mark besiegelt.

Viele Wirtschaftswissenschaftler, unter ihnen Prof. Dr. Wilhelm Hankel und Prof. Dr. iur. Karl Albrecht Schachtschneider, sprachen damals davon, dass mit dem Euro die Zahlungen an das Ausland steigen würden und eine europäische Währung mit einer einheitlichen Geld- und Zinspolitik nicht möglich sei. Sollte sie jedoch trotzdem auf Biegen und Brechen durchgesetzt werden, würde dies zusätzliche Transferleistungen an das europäische Ausland verursachen.[28]

Ähnlich wie damals standen im Juli 2012 wieder 160 Wirtschaftswissenschaftler um Hans-Werner Sinn auf, die in einem offenen Brief den Eintritt in eine Bankenunion, welche eine gemeinsame Haftung für die Schulden der Banken des Euroraumes bedeuten würde, kritisierten.[29] Bei den Erfüllungsgehilfen des Bankensystems, den meisten Parteienvertretern des Deutschen Bundestages, trafen diese Warnungen wieder einmal auf taube Ohren. Das Himmelfahrtskommando, angeführt durch Bundeskanzlerin Angela Merkel und Nicolas Sarkozy, später François Hollande, versuchten dem europäischen Wahlvolk vorzumachen, dass sie die Krise fest im Griff hätten.

Einige dieser Wirtschaftsprofessoren sprachen damals, 1998, nicht zu Unrecht auch von einem „Versailles ohne Krieg".[30] Resultierend daraus könnten einige Menschen zu der Ansicht gelangen, dass der Vertrag von Maastricht in der Geschichte als Deutschlands dritte Kapitulation vor Frankreich in weniger als einem Jahrhundert beurteilt werden wird. Anatole Kaletsky Finanzkommentator in der Times am 19.11.1996 beschrieb ihn als natürlichen Nachfolger der Verträge von Versailles und Potsdam.[31]

In Wahrheit stand hinter den Entscheidungen, die letztendlich zur Abschaffung der D-Mark geführt hat, die heimliche Nebenregierung der EU, der ERT (European round table of industrialists)[32]. Nur wenigen ist bekannt, dass diese Organisation im Frühjahr 1991 einen Fahrplan für eine Währungsunion veröffentlichte, der eine auffallende Ähnlichkeit mit dem im Dezember 1991 in Maastricht geschlossenen Vertrag hatte.

Wie so häufig wurde darüber nichts in den offiziellen Medien berichtet. Nachdem der Euro bereits beschlossene Sache war, wagte der Spiegel im Jahre 1998 zu berichten, dass Helmut Kohl in einem vertraulichen Gespräch mit US-Außenminister James Baker am 12. Dezember 1989 laut Sitzungsprotokoll des Bundeskanzleramtes gestanden haben soll: Diesen Entschluss habe er „gegen deutsche Interessen" getroffen.[33]

DER EURO – VERSCHWÖRUNG GEGEN DIE DEMOKRATIE

Wir beschließen etwas,
stellen das dann in den Raum
und warten einige Zeit ab,
was passiert.

Wenn es dann kein großes Geschrei gibt und keine Aufstände,
weil die meisten gar nicht begreifen,
was da beschlossen wurde,
dann machen wir weiter – Schritt für Schritt,
bis es kein Zurück mehr gibt.[34]

(Jean-Claude Juncker)

Mit diesen Worten erklärte der luxemburgische Regierungschef Jean-Claude Juncker im Nachrichtenmagazin Spiegel die ideale Vorgehensweise in der EU-Politik.[35]

Nach diesem Muster verfahren die EU-Bürokraten bei fast all ihren Beschlüssen, so auch bei der Entscheidung zur Euro-Einführung 1991. Dem wohl wichtigsten Projekt der Eurokraten auf dem Weg, die Nationalitäten zu zerstören, mit katastrophalen Folgen für die Bürger Europas. Juncker muss ja wissen, wie man mit der „Herde" umgeht: Er war von Beginn an Vorsitzender der „Euro-Gruppe", einem Gremium aller Staaten mit Euro-Währung.

In Wahrheit ist der Euro jedoch bereits gescheitert, da alle Versprechen der Politiker hinsichtlich der Konstruktion und Stabilität dieser Kunstwährung gebrochen worden sind. Keines der zentralen Versprechen, die sie den Wählern bei der Einführung des Euros gaben, wurde eingehalten. Neben den Versprechen, werden in immer kürzeren Abständen Gesetze gebrochen, um immer wieder neue und größere Rettungspakete zu beschließen, die letztendlich nur die Fallhöhe maximieren.

Dazu gehören unter anderem die festgelegten Obergrenzen für Staatsdefizite und Verschuldung sowie die politische Unabhängigkeit einer Europäischen Zentralbank, das Verbot fremde Staatsdefizite zu finanzieren und der wohl wichtigste Punkt: der Haftungsausschluss jedes Mitgliedslandes für die Schulden eines anderen.

Der Erfüllungsgehilfe der Hochfinanz, Juncker, sagte unter anderem: „Wir sind in einer Schicksalsgemeinschaft auf Gedeih und Verderb zusammengekommen."[36] und in der Frankfurter Allgemeinen Zeitung: „Wenn es ernst wird, muss man lügen."[37] Was er im Dezember 2009 am Rande eines Kongresses der Europäischen Volkspartei (EVP) wohl auch tat. Er schloss nämlich einen Staatsbankrott Griechenlands „völlig aus" und schlussfolgerte, dass deshalb auch keine Hilfsmaßnahmen anderer EU-Staaten notwendig sein würden.

Mit allen Mitteln versuchen die Geisterfahrer in Brüssel ihre vorgegeben Ziele mit Vollgas in die Tat umzusetzen. Als Nebenerscheinung wird still und leise die Demokratie gleich mit entsorgt. Das große Ziel, welches hinter der europäischen Vereinigung steht, ist nämlich die komplette Auflösung der Nationalstaaten. Einer der Architekten dieser Idee war der Franzose Jean Monnet (1888-1979), Gründervater des Prozesses und Gründer des „Aktionskomitees für die Vereinigten Staaten von Europa". Er sagte bereits damals „Europas Länder sollten in einen Superstaat überführt werden, ohne dass die Bevölkerung versteht, was geschieht. Dies muss schrittweise geschehen, jeweils unter einem wirtschaftlichen Vorwand. Letztendlich führt es aber zu einer unauflösbaren Föderation."[(38]

Seine geistigen Erben führen diese Vision weiter.

Dass hinter den EU- Bürokraten ganz andere Interessengruppen stehen, haben wir ja bereits erörtert. Auch im Falle des Euros stößt man wieder auf die sagenumwobenen Bilderberger.

In einem Interview mit der Internetzeitung EU Observer erklärte der Ehrenpräsident der Bilderberger-Konferenz und Ex-EU-Kommissar Etienne Davignon, dass die mächtige Bilderberger-Gruppe geholfen habe, den Euro zu erschaffen: „Als wir Debatten über den Euro hatten, konnten Leute bei Bilderberger-Veranstaltungen erklären, warum es wert war, Risiken einzugehen …[39]

Im Grunde genommen war der Euro nur das Trojanische Pferd, um die wahren Ziele durchzusetzen. Ende Januar 2012 ließen die Erfüllungsgehilfen der Hochfinanz, die Staats- und Regierungschefs, verlauten, wo die Reise hingehen soll. Ein von niemandem gewählter Gouverneursrat, bestehend aus den Finanzministern der Euro-Zone und ein von niemandem gewähltes Direktorium, entscheiden über die Vergabe von hunderten Milliarden Euro an Steuergeldern. Diese sollen in erster Linie den Banken zugutekommen.

Der Chef der Europäischen Zentralbank (EZB) und ehemalige Vize-Präsident von Goldman Sachs, Mario Draghi, konkretisiert diese Pläne in einem Gastbeitrag für DIE ZEIT (29.08.2012), in dem er sich für ein Ende der Souveränität der Parlamente in Europa ausspricht[40]. Das wäre dann mit dem Ende der alten demokratischen Ordnung verbunden und käme einer Diktatur in Europa nah.

Laut Prof. Dr. Wilhelm Hankel führen mit tödlicher Sicherheit zwei Wege dazu, die bürgerliche Gesellschaft zu zerstören:

1. Die Befreiung der Banken von allen Kontrollen, das Schaffen rechtsfreier Räume und die Erlaubnis an Banken, über Kredite Geld aus dem Nichts zu schöpfen.

2. Eine Währungsunion, wie im Falle des Euro.

Dieser Weg sei, so Hankel, der mit Abstand effektivste. Da aus der Vision von Monnet mittlerweile Realität geworden ist, kann der Euro als ein voller Erfolg für dessen Initiatoren und deren Ziele betrachtet werden. Denn die Politik basiert immer auch auf Täuschung und ist außerdem die Kunst, die Menschen daran zu hindern, sich um das zu kümmern, was sie angeht.

ACHTUNG! EUROSCHEINE (Y) BALD WERTLOS?

„Eigentlich ist es gut, dass die Menschen unser Banken- und Wirtschaftssystem nicht verstehen. Würden sie es nämlich, hätten wir eine Revolution noch vor morgen früh."

Henry Ford (1863 – 1947)

Seit 01.01.2002 leben wir mit dem Euro, nur die Wenigsten machen sich tatsächlich Gedanken, welche Bedeutung die Buchstaben und Nummern auf der Banknote haben.

An dem Beispiel Griechenland lässt sich sehr schön erkennen, dass das Ende des Euro-Experiments näher rückt, auch wenn der Eindruck erweckt wurde, dass der Euro durch diverse Rettungsmaßnahmen Bestand haben kann.

Mittlerweile richten sich diverse Unternehmen schon darauf ein, dass Griechenland die Währungsunion verlassen könnte. Im Dezember 2011 forderte beispielsweise der Reisekonzern TUI in einem Brief griechische Hoteliers auf, neue Verträge zu unterzeichnen. Folgender Passus wird bei der Süddeutschen Zeitung zitiert: „Wenn der Euro nicht mehr die Währung sein sollte (...), ist TUI berechtigt, die Geldsumme in der neuen Währung zu bezahlen. Der Wechselkurs richtet sich nach dem von der Regierung vorgegebenen Wechselkurs."[41]

Nur wie bereits erwähnt, machen sich die Wenigsten Gedanken, ob Euroschein gleich Euroschein ist. Jeder Euroschein ist nämlich einem bestimmten Land zugeordnet, und das entscheidende Merkmal ist die Seriennummer, die sich jeweils rechts oben auf der Rückseite des Scheins befindet. Dieser sogenannte „Ländercode" lässt den Insider erkennen, welche Zentralbank den Druck der Banknote in Auftrag gegeben hat.[42] X steht beispielsweise für Deutschland und Y für Griechenland, M für Portugal, V für Spanien und S steht für Italien.

Professor Dr. Max Otte empfahl bereits im Jahre 2009 in weiser Voraussicht, dass Y-, V-, M- und S-Scheine möglichst rasch wieder in Umlauf gebracht werden sollten, so die Financial Times.[43] [44]

Sollte Griechenland den Kreis der Eurostaaten verlassen, was passiert dann eigentlich mit den Griechen-Euros (Y), die sich in Privatbesitz befinden? Dazu existiert ein Plan des Mitglieds des wissenschaftlichen Beirats des Wirtschaftsministeriums, Charles Blankert, der zudem Wirtschaftsprofessor an der Humboldt-Universität zu Berlin ist. In einer Studie (laut Bild-Zeitung)[45] schlägt er vor, dass alle Banknoten mit einem Y vor der Seriennummer unmittelbar nach dem Austritt Griechenlands aus der Währungsunion als neue griechische Währung gelten und somit unmittelbar an Wert verlieren würden. Besitzer von Banknoten griechischer Herkunft in der restlichen Eurozone wären, laut dieser Studie, von der Währungsumstellung direkt betroffen.

Y-Schein hin, Y-Schein her, ein viel größeres Problem tut sich für die Einwohner der Euroländer dadurch auf, dass diejenigen, die in wirtschaftliche Schwierigkeiten geraten sind, wie es schon bei Griechenland und auch Spanien der Fall war, reihenweise ihr Bargeld von der Bank abgehoben haben.

Das Problem hierbei ist, dass viel mehr Geldansprüche bei Banken bestehen, als Geld tatsächlich, physisch existiert.

Mit anderen Worten, momentan sind etwa 900 Milliarden Euro an Eurobanknoten und –münzen im Umlauf. Bei einem Geldvermögen in Deutschland von ca. 5 Billionen Euro bedeutet dies, dass für jeden Deutschen ein Barvermögen in Höhe von lediglich 2.000,00 Euro zur Verfügung stehen würde. Aufgrund von diversen Beteuerungen und angeblichen Garantien von Politikern wie z.B. Bundeskanzlerin Merkel, Peer Steinbrück etc., die nach dem Motto leben: „Nicht das Erreichte zählt, sondern das Erzählte reicht", glauben viele Bürger, dass sie jederzeit ihre Ersparnisse in bar von der Bank abheben könnten.

Dem ist jedoch nicht so, da wir in Wahrheit ein Giral-Geldsystem (Geldschöpfung aus dem Nichts) haben, und als Folge daraus die Ersparnisse auf dem Konto nicht physisch existieren. Im Ernstfall sind sie nämlich nur ein kleines nettes Stück Papier – Kontoauszug – auf dem ein paar Zahlen stehen.

Da wir in Deutschland schon von der eben beschriebenen Situation betroffen waren, ist es an der Zeit, endlich aus der Geschichte zu lernen und nicht den Verheißungen von Politikern zu glauben. Denn letztendlich sind die meisten Politiker nur Marionetten, in deren Hintergrund eine viel größere Macht die Fäden zieht.

EG, EU UND DIE GEHEIME MACHT IM HINTERGRUND

"Normalerweise schützt eine Verfassung die Bürger vor den Politikern. Sie schränkt ein, was Politiker zwischen Wahlen beschließen könnten. Die EU-Verfassung und der Vertrag von Lissabon sind anders. Da werden die Politiker vor dem Einfluss der Wähler geschützt."

Jens-Peter Bonde, *1948[46]

Wir Europäer haben eine Regierung, die kaum jemand kennt, die die meisten nicht haben wollten und die für sie nicht greifbar ist; mit anderen Worten, die noch volksferner ist als unsere Parteienvertreter es ohnehin schon sind. Die EU ist rechtlich genommen ein Zwitter, ein juristisches Monstrum, das sehr schwer fassbar ist, denn sie ist weder ein Staatenbund, noch ein Bundesstaat. Die EU hat beispielsweise im Gegensatz zur NATO keinen Vertrag, der auf Dauer gilt. Aus dem Vertrag von Amsterdam wurde der Vertrag von Maastricht, dann der Vertrag von Nizza und aus diesem wiederum der Lissabon-Vertrag. Letztendlich ist es immer nur eine Änderung der vorherigen Verträge, die in immer schnellerer Folge beschlossen werden, so weiß niemand, was insgesamt nun gilt. Wie man sehr schön erkennen kann, hält jeder Vertrag nur für ein paar Jahre, obgleich üblicherweise völkerrechtliche Verträge auf eine Dauer von ca. 20 Jahren geschlossen werden und dann eine Verlängerungsmöglichkeit gewährt wird.

Im Falle der EU müsste man von einer demokratisch nicht legitimierten Rätediktatur sprechen, denn die Entscheidungen der EU fallen in Komitees, Räten und Kommissionen. Ursprünglich war 1957 die EWG[47] als Zusammenschluss europäischer Staaten zur Förderung der gemeinsamen Wirtschaftspolitik im Rahmen der europäischen Integration entstanden. Aus dieser wurde die EG[48], die jedoch derart vorbelastet war mit negativen Assoziationen, wie z.B. Milchseen, Butterbergen, Subventionsbetrug etc., so dass aus der EG die EU[49] wurde. Der Name klingt größer und besser, Europäische Union klingt so ähnlich wie USA, jedoch das Grundgerüst der EG besteht weiterhin und wurde nie abgeschafft, es erfolgte lediglich eine Namensänderung. Demokratie war nie Ziel der Initiatoren der Gemeinschaft. Jean Monnet[50], einer der Gründungsväter der Europäischen Union, sagte ganz offen: „Ich hasse Demokratie! Sie ist total unbequem"[51].

Und Jacques Delors, der frühere Präsident der EG-Kommission hat es schon vor fast 20 Jahren so formuliert: „Wenn wir es demokratisch gemacht hätten, wären wir gar nicht so weit gekommen."

Außerdem sagte er, dass 50 % aller Gesetze in der EU aus Brüssel kämen, bei den Wirtschaftsgesetzen sind es 80 %. Mit anderen Worten, bei den nicht gerade unwichtigen Wirtschaftsgesetzen wird zu 80 % in Brüssel entschieden, und damit werden die gewählten Parteienvertreter, nämlich die Parlamente beteiligter Länder, ausgeschaltet.[52]

Eines der dunkelsten Kapitel der EU wurde mediengerecht so in den Hintergrund gerückt, dass man schon intensiv recherchieren muss, um darauf zu stoßen. Im Jahre 1999 wurden aufgrund von Täuschung, Korruption, Vetternwirtschaft und Missmanagement schwere Vorwürfe gegen die EU-Kommission erhoben.

Die belgische Zeitung „La Meuse" beispielsweise, gehörte zu denjenigen, die mehrere Kommissionsskandale enthüllte. Der Verleger der Zeitung wurde daraufhin von maskierten und bewaffneten Männern überfallen und zusammengeschlagen.

Dies war jedoch kein Einzelfall, denn auch diverse andere, die über die internen Betrugs- und Korruptionsaffären der EU-Kommission berichtet hatten, wurden mit Gewalt eingeschüchtert. Darunter auch der belgische Geschäftsmann André Hardy, dem die Hälfte seiner Zähne mit einem Baseballschläger ausgeschlagen wurden, nachdem er sich entschlossen hatte, über die Firma Perry Lux auszupacken, mit der er in Brüssel zusammenarbeitete. Die EU-Kommission beschäftigte nämlich über das Luxemburger Unternehmen und seine Offshore-Töchter illegale Mitarbeiter, wobei Millionengelder verschwanden[53].

Was auch verschwand, sind sämtliche Quittungen und Belege für Verträge aus den Jahren 1993-1995 im Amt für humanitäre Hilfe. Der Gesamtwert wurde auf mindestens zwei Milliarden Mark beziffert. Mittlerweile haben sich zwei Dinge verändert: Erstens haben wir eine neue EU-Kommission und zum zweiten wird über derartige Vorfälle nicht mehr in den Medien berichtet.

Einen EU-Rebellen gibt es jedoch: Nigel Farage, der als EU-Abgeordneter kein Blatt vor den Mund nimmt und sich offen im Parlament gegen die EU-Zwangsdiktatur auflehnt. Den Präsidenten des Europäischen Rates, Herman van Rompuy, fragte er im Parlament „Ich würde Sie gerne fragen, Herr Präsident: Wer hat Sie gewählt? (...) Sir, Sie haben überhaupt keine Legitimität für diesen Job...".[54]

Genau mit diesen Fragen hat sich Nigel Farage bei der Brüsseler Rätediktatur unbeliebt gemacht. In diesem Zusammenhang kann auch der Flugzeugabsturz einer zweisitzigen Maschine, in der er sich befand und verletzt überlebt hat, gesehen werden.

Die EU-Regenten, die von Farage angegriffen werden, sind letztendlich auch nur Erfüllungsgehilfen für die eigentlichen Strippenzieher. Hinter der EU existiert – in der Öffentlichkeit unbekannt – eine heimliche Nebenregierung, nämlich der „European Round Table of Industrialists", gegründet von 17 führenden europäischen Industriellen im Jahre 1983, der einen massiven Einfluss auf die Geschehnisse in der EU hatte und immer noch hat. Im Jahre 1986 wurde mit der einheitlichen Europäischen Akte das Bündnis zwischen EG-Kommission und ERT (also der Macht der Konzerne) beschlossen, was bei der zunehmenden Zentralisierung West-Europas eine wichtige Rolle spielte. Bereits 1985 hatte der ERT gefordert, den Binnenmarkt durch eine Einheitswährung zu vervollständigen.

Was wenige wissen, im Frühjahr 1991 veröffentlichte der ERT einen konkreten Fahrplan für eine europäische Währungsunion. Diese wiederum hatte auffallende Ähnlichkeit mit dem im Dezember 1991 geschlossenen Maastricht-Vertrag.

Besonders interessant sind in diesem Zusammenhang die personellen Überschneidungen des ERT und der geheimnisumwitterten Bilderberger-Gruppe. Im Steuerungskomitee der Bilderberg-Gruppe saßen immer wieder ERT-Leute. Wer also in der Politik eine steile Karriere machen wollte, der musste auf eine Einladung zu einem dieser Treffen hoffen, um dann nach dem

Motto zu agieren, „Wessen Brot ich ess', dessen Lied ich sing!".

Ein Beispiel: Der Vorsitzende der Bilderberger-Konferenz 2011, EU-Kommissar sowie CFR-Chef, Mario Monti, wurde neuer starker Mann in Italien. Er ist ein neues Gesicht für das Wahlvolk mit der Hoffnung, den Weg aus der Finanzkrise zu weisen, im ewig selben Gewand. Er ist aber nicht der einzige Hoffnungsträger für das gemeine Volk, sondern dazu gehören auch der Präsident der Europäischen Zentralbank, Mario Draghi, sowie Loukas Papadimos, der Chef der Übergangsregierung Griechenlands.

Eines verbindet alle drei, die gemeinsame Tätigkeit für die Investmentbank Goldman Sachs, die massiv in die Finanzkrise verwickelt war.

DIE GOLDMANN SACHS VERSCHWÖRUNG

„Die wahre Bedrohung unserer Republik stellt die unsichtbare Regierung dar, die wie ein gigantischer Krake ihre schleimigen Arme über unsere Stadt, unseren Staat und unsere Nation ausbreitet. Ganz oben befindet sich eine kleine Gruppe von Finanzinstituten, die man im Allgemeinen als internationale Bankiers bezeichnet. Dieser kleine exklusive Zirkel machtvoller, internationaler Bankiers beherrscht tatsächlich unsere Regierung, um eigene egoistische Ziele zu erreichen."

John Francis Hylan (1868 – 1936)

Ein Interview der britischen BBC sorgte im Herbst 2011 für Aufregung und Empörung in der Bankenwelt und der Politik.[55] Der Sender befragte den Börsenhändler Alessio Rastani zur Wirtschaftskrise in Europa. Dieser sagte unter anderem: „Die Regierungen können die Krise nicht lösen." Und dann äußerte er noch etwas ‚Ungeheuerliches': „Nicht die Regierungen beherrschen die Welt, sondern Goldman Sachs regiert die Welt." Mit dieser Äußerung hat er gegen die ungeschriebenen Gesetze der Bankenwelt verstoßen. Unmittelbar danach setzte eine Verleumdungskampagne durch die etablierten Medien ein, in der sich der „Daily Telegraph" besonders hervorgetan hat. Die Zeitung unterstellte ihm in einem Interview, dass er ein "Aufmerksamkeitssuchender" sei, der den Handel mit Aktien nur als Hobby betreibe.[56]

Goldman Sachs ist mehr als eine Bank. Sie ist ein unsichtbares Imperium, dessen Vermögen mit mehr als 700 Milliarden Euro das Budget des französischen Staates um das Zweifache übersteigt.

Die dubiosen Goldman-Sachs-Aktivitäten kamen im Jahre 2007 erstmals durch den Abacus-Skandal ans Licht der Öffentlichkeit. Bei Abacus handelte es sich um riskante Hypothekendarlehen, die Goldman Sachs bündelte und an ihre Kunden weiterverkaufte. Dieses Höchstrisikoprodukt wurde mit der Wertung AAA eingestuft, als sicherstes Investmentprodukt.[57] Der Skandal bestand darin, dass Goldman Sachs selbst auf den Verfall der Papiere spekulierte und damit gegen die eigenen Kunden wettete. Ein halbes Jahr später kam es zu Masseninsolvenzen der amerikanischen Hausbesitzer und Abacus stürzte ab. Dies hatte zur Folge, dass die Goldman-Sachs-Kunden ihre Investitionen verloren.

Mehr noch, in demselben Jahr war Goldman Sachs so dreist, hochspekulative Geschäfte mit der Zahlungsunfähigkeit der amerikanischen Haushalte zu machen.[58]

Im Herbst 2008 dramatisierte sich die Lage und es schien so, als ob das ganze System des Finanzkapitalismus´ zu kollabieren drohte. Besonders gravierend war, dass der größte Konkurrent von Goldman Sachs, die Bank Lehman Brothers, kurz vor dem Bankrott stand. Der amerikanische Finanzminister Hank Paulson lehnte es jedoch ab zu helfen, mit der Begründung, er sei nicht bereit, Steuergelder für die Rettung von Lehman Brothers zu riskieren.

Am 19. September 2008 hatte nämlich die US-Börsenaufsicht SEC, untersagt, dass Leerverkäufe getätigt werden dürfen, von denen ca. 800 Finanztiteln betroffen waren. Bear Sterns und Lehman wurden von Leerverkäufen in den Abgrund gerissen, worauf die SEC keine Veranlassung sah, zu reagieren. Anders bei Goldmann Sachs; nachdem der eigene Aktienkurs unter derartigen Druck geriet und innerhalb von drei Tagen um 20 Prozent abrutschte, wurde das Verbot von SEC-Chef Christopher Cox, einem ehemaligen Goldman-Sachs-Mitarbeiter, ausgesprochen.

Die Goldman-Sachs-Konkurrenten Bear Stearns, Lehman Brothers und Merrill Lynch wurden liquidiert und Goldman Sachs sowie J.P. Morgan Chase & Co. gingen als Gewinner des „Insolvenzmassakers" an der Wallstreet vom Herbst 2008 hervor. Anders als seine Konkurrenten konnte sich Goldman Sachs über einen Milliardensegen der Bush-Administration freuen.

Zu derselben Zeit stand der größte US-Versicherer AIG ebenfalls vor dem Konkurs. Das Brisante daran war, dass, wenn AIG zusammengebrochen wäre, Goldman Sachs umgerechnet ca. 10 Milliarden Euro verloren hätte.

Das entspricht genau dem, von keinem geringeren als dem ehemaligen Chef von Goldman Sachs, Hank Paulson, persönlich gebilligten Kredit für AIG.
Dieser führte in seiner Funktion als Finanzminister geheime Verhandlungen mit seiner ehemals rechten Hand bei Goldman Sachs, Lloyd Blankfein. Blankfein, selbst inzwischen Vorstands-

chef von Goldman Sachs, und Finanzminister Hank Paulson entschieden sich, AIG zu retten. Jetzt übernahm die Regierung, sprich der Steuerzahler, die Schulden und tilgte sie. Ohne einen Verlust zu machen, bekam Goldman Sachs seine umgerechnet ca. 10 Milliarden Euro zurück.[59]

Am Ende des Jahres 2008, als sich die Bankenwelt in einer der schwersten Krisen befand, wies Goldman Sachs einen Gewinn von 1,5 Milliarden Euro aus und konnte somit glänzend vom Verschwinden seiner Hauptrivalen profitieren.

Als im Jahre 2000/2001 der Beitritt Griechenlands zur Euro-Zone anstand, waren die New Yorker Bankiers sofort zur Stelle. Sie unterstützten die Linksregierung von Konstantinos Simitis bei der erforderlichen Reduzierung des Haushaltsdefizits. Ferner organisierten sie unter anderem die Kreditbuchungen in Höhe von 15 Milliarden Euro sowie diverse Taschenspielertricks, um die Schuldenaufnahme gegenüber Brüssel zu vertuschen, mit anderen Worten, sie halfen Griechenland, seine Bilanzen zu fälschen.

Somit wurde die europäische Statistikbehörde Eurostat getäuscht, um das wahre Haushaltsdefizit erst nach der Aufnahme in die Währungsunion auftauchen zu lassen.

In gut informierten Kreisen geht man davon aus, dass Goldman Sachs neben Griechenland auch Italien half, einen Teil seiner Staatsschulden zu verschleiern, um die Aufnahmekriterien für den Euroraum zu erfüllen. Federführend für Italien soll der jetzige Chef der Europäischen Zentralbank, Draghi, gewesen sein und für Griechenland deren Premierminister Papadimos. In diesem zeitlichen Zusammenhang beerbte der Vorsitzende der Bilderberger-Konferenz von 2011, EU-Kommissar und CFR-Chef, Mario Monti, den vorherigen Ministerpräsidenten, Silvio Berlusconi, in seinem Amt.

Eines verbindet jedoch alle drei miteinander, die gemeinsame Tätigkeit für die Investmentbank Goldman Sachs und das gemeinsame Ziel einer EU-Fiskal-Union, in der eine nationale Souveränität nicht mehr existiert.

Mario Draghi war beispielsweise bei Goldman Sachs (Europa), Vizepräsident und Chef jener Abteilung, die, kurz bevor er sie leitete, Griechenland mit dem Finanzinstrument Swap[60] geholfen hatte, seine Bilanzen zu schönen, um die Staatsschulden zu verschleiern.

Zum Erreichen ihrer Ziele platziert Goldman Sachs seine eigenen Leute immer wieder in hohen politischen Ämtern.

Romano Prodi beispielsweise war Berater bei Goldman Sachs, Ministerpräsident von Italien und danach Präsident der Europäischen Kommission.

In dieser Zeit der Verschleierungsaktionen durch Goldman Sachs war der Mann, der von der Lobby als großer Hoffnungsträger für die Griechen inszeniert wurde, Loukas Papadimos, Gouverneur der griechischen Notenbank.

Dass **Mario Draghi** mit dem Segen der Europaabgeordneten zum Chef der Europäischen Zentralbank gewählt wurde, kann als größter Coup Goldman Sachs´ in Europa bezeichnet werden. Die Verstrickung eigener Interessen mit der Politik ist ganz offensichtlich. So kam Bushs Finanzminister **Hank Paulson** ebenso wie Clintons Finanzminister **Robert Rubin** von Goldman Sachs. Obamas Finanzminister **Timothy Geithner** und sein Wirtschaftsstaatssekretär **Robert Hormats**, gehörten ebenfalls zum erlesenen Kreis. Nicht zu vergessen, der Präsident der Weltbank, **Robert Zoellick**, der einst Direktor bei Goldman Sachs war.

Die ehemaligen Führungskräfte von Goldman Sachs, die mitverantwortlich sind für die schlimmsten Exzesse in der Finanzwelt, sollen jetzt als Politiker die Finanzkrise lösen. Hierzu erlegen sie ihren Bevölkerungen beispiellose Sparprogramme auf, die angeblich unvermeidlich sein sollen. Die Frage sei erlaubt, ob sie wirklich die Richtigen zur Lösung der Krise sind oder ob hier eher die Brandstifter geholt wurden, die jetzt als Feuerlöscher agieren sollen.

Kritiker werfen dem europäischen Lobby-Netzwerk der amerikanischen Bank Goldman Sachs vor, wie eine Form der Freimaurerei zu funktionieren. In unterschiedlichem Maße sind der neue Präsident der Europäischen Zentralbank **Mario Draghi**, Italiens Regierungschef **Mario Monti** und Griechenlands Chef der Übergangsregierung **Loukas Papadimos** Galionsfiguren dieses eng gestrickten Netzes[61].

Seit der Gründung der FED im Jahre 1913 sind Regierungen gekommen und gegangen, Goldman Sachs, als Mitbegründer der FED blieb und steht für die beste Geldmacher-Maschine, die der globale Kapitalismus jemals hervorgebracht hat.

Goldman Sachs ist ein Finanzimperium auf der Sonnenseite, das die Welt mit seinen wilden Spekulationen und seiner grenzenlosen Profitgier in ein riesiges Casino verwandelt hat. Und das erfolgt sogar im Namen Gottes, wie Goldman-Sachs-Chef Blankfein es bezeichnet „Ich bin ein Banker, der Gottes Werk verrichtet"[62]

Ihr Gott heißt mehr, immer mehr Geld. Angetrieben durch ihre unersättliche Profitgier wird mit allem Geschäfte gemacht, egal ob mit Freund oder Feind.

Goldmann Sachs

Hank Paulson

Ex-Finanzminister der USA, ehemaliger Chef von Goldmann Sachs

Cristopher Cox

ehemaliger Goldman Sachs – Mitarbeiter, Chef der SEC

Lloyd Blankfein

Chef von Goldmann Sachs

Mario Draghi

ehem. Vizepräsident von Goldman Sachs International, von 2006 bis 2011 Präsident der Italienischen Nationalbank, seit November 2011 Präsident der Europäischen Zentralbank (EZB),

Loukas Papadimos

vormals Goldman Sachs, ehemaliger griechischer Premierminister und ehemaliger Vizepräsident der Europäischen Zentralbank.

Mario Monti

vormals Goldman Sachs, italienischer Ministerpräsident

Robert Rubin

ehem. Goldman Sachs Finanzminister unter Clinton, Berater von Timothy Geithner

Timothy Geithner

Mitarbeiter bei Goldman Sachs, US-Finanzminister

Robert Hormats

Mitarbeiter bei Goldman Sachs und Wirtschaftsstaatsekretär von Finanzminister Timothy Geithner

Robert Zoellick	Direktor bei Goldman Sachs – ehem. Präsident der Weltbank, gehörte den Regierungen der Präsidenten Georg Bush und George W. Bush an.
Alexander Dibelius	Deutschlandchef von Goldman Sachs und Berater von Kanzlerin Angela Merkel
Peter Sutherland	tätig für die internationalen Geschäfte von Goldman Sachs, ehemaliger EU - Kommissar
Petros Christodoulou	ehem. Goldman Sachs, heute Chef der griechischen Schuldneragentur,
Charles de Croisset	ehem. Goldman Sachs, überwacht heute die französische Finanzaufsicht,
Mark Patterson	Lobbyist für Goldman Sachs und Berater von Timothy Geithner
E. Gerald Corrigan	ehem. Chef der US-amerikanischen Notenbank, Goldman Sachs
Otmar Issing	seit 2007 "International Advisor" der US-amerikanischen Investmentbank Goldman Sachs, ehem. "Chefökonom" der EZB.

Alle waren direkt oder als Berater für Goldman Sachs tätig.

DIE FINANZIERUNG DER NAZIS

„Die Liebe zum Profit beherrscht die ganze Welt"

Aristophanes (zwischen 450 und 444 v. Chr. – 380 v. Chr.)

Wenn es um die Aufarbeitung der eigenen Vergangenheit geht, steht Deutschland mit enormem Abstand weltweit an erster Stelle. In den letzten zehn Jahren konnte man sehr schön beobachten, dass kein Tag verging, an dem nicht in irgendeiner Form die Medien über den Zeitraum von 1933 bis 1945 berichten, Tendenz steigend. Der Eindruck entsteht mittlerweile, dass sich die deutsche Geschichte nur auf die eben benannten 12 Jahre beschränkt.

Interessant ist dabei zu beobachten, dass über das noch so kleinste Detail berichtet wird, aber nicht darüber, wer Hitlers Aufstieg und Deutschlands Aufrüstung damals finanziert hat. Die Namen, die in den Medien kursieren, beschränken sich in der Regel auf deutsche Unternehmen wie Thyssen, Krupp, Flick usw. Wie war das nationalsozialistische Wirtschaftswunder von 1933-1939 finanziell überhaupt machbar? Mit anderen Worten, die Oberfläche wird auf Hochglanz poliert, nur über den Kern wird nicht gesprochen. Dabei ist doch ganz klar, dass kein verschuldetes Land auf der Welt finanziell in der Lage ist, einen Krieg zu führen. Das Land, das letztendlich die Absicht hegt, einen Krieg vom Zaun zu brechen, muss sich immer erst an die internationalen Bankiers wenden, um Geld für sein Vorhaben zu erhalten. Das galt damals wie heute.

Aufgrund des Versailler Vertrags und den damit verbundenen Auflagen war Deutschland hoch verschuldet und musste enorme Reparationszahlungen an das Ausland leisten. Das führte letztendlich zum Zusammenbruch der deutschen Währung und als Folge zur chronischen Inflation im Jahre 1923. Aber die internationalen Bankiers waren zur Stelle, in dem sie über den DAWES-Plan[63] und den YOUNG-Plan[64] ab 1924 gewaltige Beträge an Deutschland überwiesen. Ohne diese wäre es unmöglich gewesen, in so kurzer Zeit eine Kriegsmaschinerie solchen Ausmaßes aufzubauen. Professor Carroll Quigley, Historiker an der Georgetown Universität in Washington, D. C., berichtete:

„Es ist zu beachten, daß dieses System (der Dawes- und Young-Pläne) von den internationalen Bankiers eingerichtet wurde, und daß das Ausleihen des Geldes an Deutschland für diese Bankiers höchst gewinnbringend war."

Im Jahre 1929 bemächtigten sich drei Großkonzerne der Wallstreet einiger der wichtigsten Schlüsselstellungen der deutschen Wirtschaft. Die General Motors Corp. kaufte die Opel-Werke in Rüsselsheim, die Internationale Telephone & Telegraph Corp. (ITT) baute das deutsche Telefonnetz aus und General Electrics, die schon 1922 einen Vertrag mit der AEG abgeschlossen hatten, intensivierten ihre Aktivitäten.

Des Griffin schreibt in seinem Buch[65]: Der höchste diplomatische Vertreter Amerikas in Hitler-Deutschland war nach 1933 Botschafter Dodd. Am 15. August 1936, mehr als dreieinhalb Jahre nach Hitlers Machtergreifung, berichtete Dodd an den amerikanischen Präsidenten Roosevelt: „zur Zeit haben wir hier mehr als 100 amerikanische Unternehmen, Tochtergesellschaften oder Kooperationsabkommen."

Diese Firmen waren direkt beim Aufbau der deutschen Kriegsmaschinerie behilflich. In der Tat hatten die deutschen Tochterfirmen Ford und Opel mit Wissen und Billigung der amerikanischen Mutterkonzerne Hitlers Kriegsführung unterstützt und kräftig davon profitiert.[66]

Kurz vor Kriegsbeginn errichtete beispielsweise Opel, eine 100 %-ige Tochtergesellschaft von General Motors, in Brandenburg an der Havel ein Werk, in welchem der beste Lastkraftwagen der Welt gebaut wurde. Ohne den „Opel-Blitz" hätten der Ost- und der Afrikafeldzug nicht geführt werden können. Die Erlöse wurden bis kurz vor Kriegsende via Schweiz, Portugal und die Türkei in Devisen und Edelmetalle an die Muttergesellschaft in den USA abgeführt. In dieser Zeit blieb das Werk von den Luftangriffen der Alliierten verschont.

„Als amerikanische Soldaten 1944 nach der Landung in der Normandie in Richtung Rhein vorrückten, mußten sie erstaunt feststellen, daß die deutsche Wehrmacht teilweise die gleichen Lastkraftwagen und Militärfahrzeuge fuhr, wie sie selbst."[67]

Dieses Kooperationsmodell dauerte aber nur so lange, bis in Jalta klar wurde, dass sich der Produktionsstandort in der künftigen sowjetisch besetzten Zone befinden würde. Mit einem gezielten Luftschlag wurde das Werk daraufhin zerstört[68].

Die sehr sorgfältig dokumentierten Beweise darüber, dass amerikanische Banken- und Industriekreise an dem Aufstieg von Hitlers Drittem Reich höchst maßgeblich beteiligt waren, sind inzwischen öffentlich zugänglich.

Ein Name ist untrennbar mit den Geschäften der Nazizeit verbunden. Die Rede ist von der I.G. Farben, einem Konzern, der die Chemie- und Pharmaindustrie in der ganzen Welt kontrollierte. Die Beteiligungen bestanden in 93 Ländern. Ende 1929 war es dann soweit, die I.G. Farben und die Standard Oil Company (Rockefeller-Konzern) fusionierten, indem Standard Oil im Gegenzug I.G. Farben 546.000 seiner Stammaktien gab.

Die I.G. Farben wurde zum größten Industriekonzern Europas und größten Chemieunternehmen der Welt. An der Besetzung des Vorstands konnte man sehr schön die internationalen Verflechtungen erkennen. Da waren unter anderem Max und Paul Warburg[69], die große Banken in Deutschland und den USA besaßen.

Ein weiteres Mitglied des Verwaltungsrats war C. E. Mitchell, der zum Verwaltungsrat der ‚Federal Reserve Bank' und der ‚National City Bank' gehörte sowie H. A. Metz, von der ‚Bank von Manhattan'. Hermann Schmitz, Präsident der I.G. Farben, gehörte zugleich zum Vorstand der Deutschen Bank sowie auch zur Bank für internationalen Zahlungsausgleich (BIZ). Diese wurde 1930 von Hjalmar Schacht gegründet und kann auch als Bank der Zentralbanken bezeichnet werden.

In der BIZ waren vor allem die führenden Geldinstitute der Wall Street vertreten, unter ihnen Rockefellers Investmentbank Chase Manhattan Bank, J.P. Morgans Investmentbank JP Morgan & Co., Clarence Lapowskis Investmentbank Dillon, Read & Co. , die alle eines verband, das starke Interesse an Geschäften mit Deutschland.

Auch die Luftwaffe hätte ohne bestimmte Chemieprodukte (z.b. Tetraethyl-Blei), die nur von Standard Oil, General Motors und DuPont produziert und dann an die I.G. Farben verkauft wurden, nicht fliegen können.[70]

Ähnlich sah es auch mit dem Öl aus. Wie die FAZ schon am 11.02.1999 in dem Artikel „Öl für den Führer" schrieb, dass Hitlers Truppen ohne amerikanische Öllieferungen - vor und noch während des Krieges - Frankreich womöglich gar nicht hätten besetzen können.[71]

Wie aus der Mineralölstatistik des Oberkommandos der Wehrmacht hervorgeht, lieferten die Vereinigten Staaten im Jahre 1937 mehr als eine Million Tonnen Öl – ein Viertel der gesamten deutschen Ölimporte. Wie groß die Bedeutung dieser Lieferung war, geht aus einem Schreiben des Oberbefehlshabers der Kriegsmarine, Großadmiral Raeder vom 27.06.1940 hervor: „Ohne diese Ölimporte hätte jetzt weder die Marine noch die Wirtschaft das nötige Mineralöl."[72]

Wer jedoch glaubte, die amerikanischen Lieferungen hätten mit Kriegsbeginn aufgehört, der sah sich getäuscht.

In den lange unter Verschluss gehaltenen Importübersichten der Reichsstelle für Mineralöl finden sich nicht nur Einzellieferungen, sondern vielmehr eine konkrete Aufstellung, dass Deutschland von September 1939 bis zum Sommer 1940 verschiedenste, dringend benötigte Ölprodukte aus den USA importierte, darunter Motorenbenzin, Diesel, Heizöl, Schmier- und Motorenöle.

Ausgerechnet im Mai 1940, als deutsche Panzer Frankreich überfielen, wurde das dringend benötigte Motoröl und Schmiermittel aus den Vereinigten Staaten eingeführt. Wie aus den Akten der Reichsstelle für Mineralöl hervorgeht, wurde so zu 100 % der deutsche Bedarf gedeckt[73].

Die Ölgeschäfte der amerikanischen Industrie waren im Jahre 1940 Bestandteil einer Kabinettssitzung in Washington, in Anwesenheit von Präsident Roosevelt und Außenminister Hull. Dort äußerte sich der damalige Unterstaatssekretär Sumner Wells, dass „Öl aus Mexiko, Kolumbien und Venezuela gleichfalls über Spanien nach Deutschland" geliefert werde und dass „wir unseren Anteil an diesem Geschäft nicht verlieren sollten". Im September 1941 betrug der amerikanische Anteil an den Motoröleinfuhren 94 %[74].

Und damit lief der Krieg - im wahrsten Sinne des Wortes – wie geschmiert, für die beteiligten amerikanischen Firmen.

Ein Name, der in diesem Zusammenhang neben Rockefeller, Harriman und den I.G.-Farben-Direktoren, den Bankiers Paul und Max Warburg, immer wieder auftritt, ist Senator Prescott Bush, der Vater des ehemaligen Präsidenten George Bush und Großvater von George W. Bush.

Prescott Bush tätigte Geschäfte mit der deutschen Luftwaffe, ferner führte er weiter Geldtransaktionen über die Union Banking Corporation durch. Damit verstieß er gegen das Gesetz, das einen Handel mit dem Feind verbietet. Er wurde aber nie dafür belangt. Die deutschen Großindustriellen Fritz Thyssen sowie Friedrich Flick wickelten ihre Bankgeschäfte über Bushs Union Bank ab. [75]

Mit der Unterstützung von Prescott Bush und Felix Warburg (Bankhaus Kuhn Loeb and Co.) organisierte der spätere Außenminister John Foster Dulles während der 30er Jahre die Schuldenrestrukturierungen für deutsche Firmen. Damit ermöglichte er die Umstellung auf die Rüstungsproduktion, wofür Bush und Warburg enorme Summen kassierten.

Wie bereits erwähnt, war der wichtigste Dreh- und Angelpunkt für die Geschäfte, die mit Deutschland abgewickelt worden sind, die I.G. Farben. Interessant ist, dass nach dem Krieg die Hauptproduktionsstätten der deutschen Rüstungsindustrie, unter der Führung der I.G. Farben, noch zu über 80 % intakt waren. Es ist jedoch sehr wahrscheinlich, dass die Alliierten die Standorte dieser Fabriken genau kannten. Sollte das tatsächlich der Fall gewesen sein, hätte der Krieg schon Jahre vorher durch die Alliierten mit der Zerstörung der Anlagen beendet werden können. Das wiederum würde bedeuten, dass die Profiteure des Krieges an einem schnellen Ende kein Interesse hatten.

Charles Higham, ehemaliger Reporter der New York Times, weist in seinem Buch „Trading with the Enemy" auf den Umstand hin, dass die US-Regierung versucht hatte, die Rolle von Prescott Bush und vielen anderen führenden amerikanischen Finanz- und Industriemagnaten bei der Unterstützung Hitlers zu verschleiern. Die Regierung habe befürchtet, eine Verfolgung dieser Personen würde "einen öffentlichen Skandal" verursachen und "die öffentliche Moral untergraben und Streiks und vielleicht sogar Meutereien in den Streitkräften provozieren". Außerdem glaubte die Regierung, so Higham weiter, "ihre Anklage und Verurteilung würde es den Unternehmensvorständen unmöglich machen, die Kriegsanstrengungen Amerikas zu unterstützen."[76]

Die Profite aus dem zweiten Weltkrieg waren nicht das Einzige, was aus der Sicht der Siegermächte eine profitable Sache war. Da gab es noch etwas anderes, was lange im Dunklen verborgen blieb und dessen mystischer Glanz seit jeher die Menschen in seinen Bann zieht und Begehrlichkeiten weckt, Gold.

WEM GEHÖRT DAS DEUTSCHE GOLD?

"Auro loquente omnis oratio inanis est."

Wenn das Gold redet, dann schweigt die Welt.

Im November 2011 gab es in den deutschen Zeitungen eine große Diskussion um die deutschen Goldreserven, allen voran titelte „Die Welt": Das große Ringen um Deutschlands Gold[77]. Wenn man den offiziellen Medien Glauben schenkt, wehrte sich die Deutsche Bundesbank – aus gutem Grund – mit Händen und Füßen gegen die Bestrebungen einiger Juristen der EZB, die Währungsreserven in einem Fonds bündeln zu lassen, damit dieser den Euro-Rettungsfonds EFSF[78] stärkt. Nur das Problem dabei ist, dass sich das deutsche Gold – was nur Wenige wissen - nicht in deutschen Händen befindet. Es wird nämlich zum größten Teil in den Kellern der Federal Reserve Bank (FED) in New York gelagert. Mit anderen Worten, unter dem Straßenpflaster von Manhattan und nicht, wie man annehmen sollte, in Fort Knox.

Die Lagerung des deutschen Goldes ist ein kleines Staatsgeheimnis, welches von Bundesbank und Bundesregierung gleichermaßen unter Verschluss gehalten wird. Bundeswirtschaftsminister Rösler erklärte 2011, dass die deutschen Goldreserven unantastbar bleiben müssten, womit er Recht hat - sie sind unantastbar – auf jeden Fall für Deutschland!

Da Gold nie Pleite gehen kann, ist Gold die letzte Reserve im Ernstfall, aber nur, wenn es nicht verliehen wurde bzw. im eigenen Tresor liegt. In einem Worst-Case-Szenario, bzw. bei schweren Wirtschafts- und Währungsturbulenzen, bringen die ca. 3.446 Tonnen des deutschen Goldes nur dann Rettung, wenn sie hierzulande zur Verfügung stehen.

Mittlerweile ist durchgesickert, dass Mitglieder des Bundeskabinetts hinter vorgehaltener Hand in der Vergangenheit verrieten, dass das Gold von den Amerikanern als eine Art Pfand für deutsches Wohlverhalten betrachtet wird. Seit Jahren werden die Ersuchen der Bundesregierung um Rückführung von Teilen des bei der FED eingelagerten Goldes empört abgelehnt. Sollte es tatsächlich zu einem Euro-Zusammenbruch kommen, würde die Bundesbank höchstwahrscheinlich ihr Gold nie mehr zurückerhalten.

So äußerten sich Bundesbanker in einem vertraulichen Gespräch mit CDU-Politikern in Frankfurt am Main. Die Amerikaner betrachten das deutsche Gold demnach schon lange als eine Art „rechtmäßiges Eigentum".[79]

Bedenklich in diesem Zusammenhang ist allerdings auch, dass das amerikanische Schatzamt seit mehr als 5 Jahrzehnten keine Überprüfung der bei der FED eingelagerten fremden Goldbestände mehr zugelassen hat.

In Kennerkreisen ist man zu der Auffassung gelangt, dass große Teile des deutschen Goldes höchstwahrscheinlich längst verkauft wurden.

Wie viel Gold sich tatsächlich noch in deutschen Tresoren befindet, formulierte David Marsh, ehemaliger Korrespondent der Financial Times, profilierter Bundesbankkenner und Autor des Buchs „Die Bundesbank – Geschäfte mit der Macht", das in Branchenkreisen als Standardwerk gilt, im Jahr 1992 so: "Im Interesse guter Beziehungen zur internationalen Finanzwelt (hiermit konnte er nur den amerikanischen Teil der Finanzwelt und die City of London meinen), werden die großen Mengen von Goldbarren wahrscheinlich bleiben, wo sie sind." Laut seiner Schätzung liegen nur 80 Tonnen Gold, dies entspricht gerade mal 2 % der gesamten deutschen Goldreserve, in Frankfurt/Main.

Es kann auch nicht ausgeschlossen werden, dass geheime Verträge existieren, wonach Deutschland nach dem Krieg das Gold als Pfand abtreten musste. Es gibt viele Spekulationen über einen geheimen Staatsvertrag, in denen immer wieder der Name „Kanzler-Akte" fällt, der neben dem Grundgesetz gültig sein soll. Über die Echtheit der „Kanzler-Akte" wird jedoch gerätselt. Der ehemalige Chef des Militärischen Abschirmdienstes (MAD), Generalmajor Gerd-Helmut Komossa, findet in seinem Buch, „Die deutsche Karte, das versteckte Spiel der Geheimdienste" deutliche Worte:

«Der geheime Staatsvertrag von 21. Mai 1949 wurde vom Bundesnachrichtendienst unter ‹Strengste Vertraulichkeit› eingestuft. In ihm wurden die grundlegenden Vorbehalte der Sieger für die Souveränität der Bundesrepublik bis zum Jahre 2099 festgeschrieben, was heute wohl kaum jemandem bewusst sein dürfte. Danach wurde einmal der «Medienvorbehalt der alliierten Mächte über deutsche Zeitungs- und Rundfunkmedien bis zum Jahr 2099 fixiert. Zum anderen wurde geregelt, dass jeder Bundeskanzler Deutschlands auf Anordnung der Alliierten vor Ablegung des Amtseides die sogenannte ‹Kanzlerakte› zu unterschreiben hatte. Darüber hinaus bleiben die Goldreserven der Bundesrepublik durch die Alliierten gepfändet.»[80]

Offizielle Medien bezeichnen die Behauptung, es gäbe eine „Kanzlerakte", als Hirngespinst von Verschwörungstheoretikern. Erstaunlich dabei ist, dass in diesem Zusammenhang das Wochenmagazin „Zeit" in einem ausführlichen Artikel mit der Überschrift „Drei Briefe und ein Staatsgeheimnis"[81] genau darüber berichtete. Demnach sollen alle Bundeskanzler einen geheimen, sogenannten Unterwerfungsbrief unterschreiben müssen.

Im Oktober 2012 ging die Schlagzeile durch die deutsche Presse, dass auf öffentlichen Druck die Bundesbank jetzt „Teile" der deutschen Goldreserven nach Deutschland zurückholen und auf Echtheit überprüfen will. Anlass dafür war die Forderung des Bundesrechnungshofes, von der Bundesbank eine genaue Bestandsaufnahme der riesigen Goldreserven im Ausland durchzuführen. Darüber hinaus will die Bundesbank in den kommenden drei Jahren das von der FED gelagerte Gold nach Deutschland holen, um es zu prüfen.[82] Bundestagsabgeordneten blieb jedoch der Zugang zur Sichtung des deutschen Goldes bei der FED in New York verwehrt. Dasselbe Procedere lief ebenfalls bei der französischen Nationalbank in Paris und der britischen Zentralbank in London ab.

In einem Bericht des Bundesrechnungshofs an den Haushalts-ausschuss des Bundestages forderten die Rechnungsprüfer eine regelmäßige Kontrolle in bestimmten Zeitabständen in Form einer Stichprobeninventur vor Ort. Mehr noch, sie mah-nen an, dass die deutschen Goldreserven noch nie von der Bundesbank selbst oder durch andere unabhängige Prüfer „körperlich aufgenommen und auf Echtheit und Gewicht" ge-prüft worden sind.[83]

Es ist schon fast ein Skandal, dass der Rechnungshof der Bun-desbank empfohlen hat, mit den drei ausländischen Noten-banken ein Recht zur physischen Prüfung der Bestände auszu-handeln. Ferner sind laut ‚Handelsblatt' im Bericht mehrere Stellen geschwärzt. Dadurch geht aus dem Dokument nicht hervor, wie viel Gold genau bei welchen ausländischen Noten-banken liegt.[84]

Nur den wenigsten ist bewusst, warum die fremd gelagerten Goldbarren eingeschmolzen werden sollen. An der Echtheit der Goldbarren, die bei unseren „Freunden" lagern, besteht laut Bundesregierung und Bundesbank kein Zweifel. Anders aber bei Kennern der Edelmetallszene, die davon ausgehen, dass bis zu einer Million Goldbarren einen Wolframkern haben könnten.

Wie erkennt man nun den Unterschied zwischen einem echten Goldbarren und einem Goldbarren mit Wolframkern?

Da sich Wolfram (19,26) in seiner Dichte nur in der Stelle hin-ter dem Komma von Gold (19,32) unterscheidet, ist eine Prü-fung von Gewicht und Abmessungen nicht zielführend.

Wolfram ist ein Metall aus der Chromgruppe und schmilzt erst bei 3.407 Grad Celsius. Anders ist dies bei Gold, denn ab 2.940 Grad Celsius verflüchtigt sich Gold in seine Atome.

Viele glauben zu wissen, dass man mit einem Spektrometer den Betrug aufdecken kann, aber ein Röntgen-Fluoreszenz-spektrometer leistet keine „Tiefenanalyse" der Metallprobe.

Die Probe wird dabei z.B. durch eine Röntgenstrahlung angeregt, und zwar nur ihre Metalloberfläche mit einer Eindringtiefe von wenigen μ.

Dabei wird die abgegebene elementspezifische Fluoreszenzstrahlung freigegeben, auszuwerten in einem Strahlendetektor. In der Praxis heißt das: ein goldüberzogener Wolframkern erhält eine Oberflächenanalyse mit dem 99,999 % Gold. Das unechte Innenleben bleibt bei dieser Methode verborgen!

Das unterschiedliche Verhalten der beiden Metalle in einem Magnetfeld wäre noch eine Möglichkeit: Wolfram ist paramagnetisch, es wird von einem Magnetfeld angezogen; Gold ist diamagnetisch und wird aus einem Magnetfeld abgestoßen. Bedauerlicherweise brauchen Sie dafür ein sehr starkes Magnetfeld.

Daraus lässt sich schließen, dass der Aufwand, um einen gefälschten Goldbarren mit Wolframkern herzustellen, sehr hoch ist. Aber es ist extrem lohnenswert für die Fälscher, da Wolfram um ein vielfaches preiswerter ist als Gold.

Wie bereits erwähnt, wird vermutet, dass man schon vor Jahrzehnten Teile der Goldbarren von Fort Knox[85] durch Goldbarren mit Wolframkern ausgetauscht haben könnte. Das wäre dann der zweitgrößte Betrug in diesem Jahrhundert nach der Gründung der FED und dem daraus resultierenden fiat money system[86].

Bereits im Oktober 2009 wurde berichtet[87], dass die Chinesen eine Ladung Gold aus den USA erhielten. Die chinesische Regierung ordnete seinerzeit eine stichprobenartige Überprüfung der Lieferung an. Die mit der Untersuchung betrauten Behörden waren schockiert, als sie feststellen mussten, dass es sich um Wolframbarren mit einer Goldlegierung handelte. Die Barren stammten aus den USA, Fort Knox - mit entsprechender Seriennummer und Herkunftsnachweis.[88]

Letztendlich ist es egal, ob die Goldbarren einen Wolframkern haben oder noch vorhanden sind, es darf bezweifelt werden, dass Deutschland jemals seine Goldreserven wiedersieht.

Die Wahrscheinlichkeit ist schließlich sehr hoch, dass die Pfändung deutschen Goldes durch die Alliierten, wie von Generalmajor Gerd-Helmut Komossa a.D. beschrieben, immer noch Bestand hat.

Somit wird der bekannte Auric Goldfinger aus dem gleichnamigen James-Bond-Film schon fast Realität. Nur, dass hier ernstzunehmende Interessengruppen dahinter stecken, die seit Jahrhunderten die Geschicke der Welt lenken und aus Gier am Profit, selbst vor Kriegen nicht zurückschrecken.

WIE EIN KRIEG INSZENIERT WIRD.

„Das erste Opfer des Krieges ist die Wahrheit".

(Aischylos)

Wenn man sich die Geschichtsbücher anschaut, dann nehmen die Kriege eindeutig einen dominanten Platz ein.

Es scheint, als sei die Menschheitsgeschichte übersät von Kriegen und Konflikten. Fast nach jedem Krieg wurde die Losung herausgegeben: „Nie wieder Krieg!", nach einer gewissen Zeit, in der Regel einer Generation, scheint dies schnell vergessen zu sein.

Augenscheinlich gibt es dann wieder einen Grund, Krieg führen zu müssen. Und die Slogans, die durch die Initiatoren des Krieges der jeweiligen Bevölkerung verkauft werden, sind in der Regel immer dieselben: „Wir müssen leider, für die Erhaltung des Friedens, einen Krieg führen." oder „Da wir angegriffen worden sind, müssen wir unsere Freiheit und die Demokratie verteidigen!" (so auch nach dem 11. September 2001)

Folgende Beispiele sind fest verankert in den offiziellen Geschichtsbüchern, jedoch nicht in der Form, wie sie sich tatsächlich ereignet haben:

DER 1. WELTKRIEG UND DAS GEHEIMNIS HINTER DER LUSITANIA

„Der Krieg ist ein Vorgang, bei dem sich Menschen umbringen, die einander nicht kennen, und zwar zum Ruhm und zum Vorteil von Leuten, die einander kennen, aber sich nicht umbringen."

Paul Valéry (1871-1945)

Schon im ersten Weltkrieg wurde der Kriegseintritt der USA unter Präsident Woodrow Wilson durch eine List geradezu erzwungen. Die Vereinigten Staaten waren bis 1915 nicht an Kriegshandlungen beteiligt und es gab auch keinen Anlass dafür. Zu der Zeit war die amerikanische Bevölkerung mehrheitlich gegen den Kriegseintritt ihres Landes.

Die Wirtschaftselite des Landes, vertreten durch ihre Hauptmarionette Präsident Wilson, sah das jedoch anders. Da sie wussten, dass ein Krieg immer ein gigantisches Geschäft ist, musste nur noch ein passender Grund gefunden werden. Plötzlich fand ein Ereignis mit essentieller Bedeutung für den weiteren Kriegsverlauf statt.

Die RMS Lusitania, ein Passagierdampfer der britischen Reederei Cunard Line wurde ins maritime Kriegsgebiet gesandt. Das angelaufene Ziel wurde jedoch nie erreicht, da es von einem deutschen U-Boot entdeckt, angegriffen und versenkt wurde. Nach dem ersten Torpedoeinschlag explodierte eine Munitionsladung und das Schiff sank bereits nach 18 Minuten[89]. Unter den 1.198 Opfern befanden sich auch 128 Amerikaner[90].

Präsident Wilson warnte bereits vorab den Kaiser, sollten Amerikaner von deutscher Seite aus zu Schaden kommen, würde dies eine Kriegserklärung seitens der USA nach sich ziehen. Dieses Ereignis ebnete den Weg für den Kriegseintritt der USA. Nach diesem „barbarischen Akt" stand das amerikanische Volk geschlossen hinter einem Kriegseintritt der USA und ihrem Präsidenten.

Was in den offiziellen Geschichtsbüchern jedoch verschwiegen wird, ist unter anderem die Tatsache, dass am 22. April 1915 in den 50 größten Tageszeitungen der USA eine Anzeige der kaiserlich-deutschen Botschaft erschien, die Ozean-Reisende ausdrücklich vor einer Atlantikreise warnte.

Der deutschen Generalität lagen, wie sich noch zeigen würde, Informationen vor, dass die Lusitania schwer bewaffnet und mit gefälschten Ladepapieren ausgestattet worden war. So sollte die wahre Fracht verheimlicht werden.

Das jahrzehntelang wohl gehütete Geheimnis über die heimliche Ladung der Lusitania wurde jedoch durch ein Taucherteam aufgedeckt. Die Zeitung ‚Daily Mail' meldete nach fast einem Jahrhundert, im Dezember 2008, den Fund von Munition im Wrack der Lusitania durch besagte Taucher. Darunter befanden sich auch vier Millionen Patronen des US-Herstellers Remington, Kaliber 303, British Lee-Enfield[91].

Der Fund der Munition im Wrack der Lusitania widerspricht eindeutig der historischen Behauptung der Alliierten, sie wäre ein reines Passagierschiff gewesen. Damit wurde indirekt die Behauptung der deutschen Reichsregierung bestätigt, das Schiff hätte Kriegsmaterial von Amerika nach England transportiert und wäre deshalb ein legitimes militärisches Ziel gewesen. Es sollten 26 Jahre vergehen, bis ein ähnliches Ereignis den Verlauf eines Krieges und damit der Geschichte verändern sollte.

PEARL HARBOR

„Nie wird so viel gelogen, wie nach der Jagd, im Krieg und vor Wahlen"

Otto Fürst von Bismarck (1815-1898)

Die Mehrheit der amerikanischen Bevölkerung war – wie vor dem Lusitania-Zwischenfall – bis zum Jahre 1941 erneut gegen den Kriegseintritt der USA. Sie waren der Meinung, dass diese kriegerische Auseinandersetzung nichts mit ihrem Land zu tun hätte. Für die Hauptprofiteure des Ersten Weltkrieges, die internationalen Bankiers und Rüstungskonzerne, kam der japanische Überraschungsangriff auf Pearl Harbor, bei dem ca. 2.400 eigene Landsleute starben[92], wie gerufen. Dieser Angriff war der legitimierende Anlass für Präsident Roosevelt, in den Krieg einzutreten.

Von einem Überraschungsangriff kann jedoch keinesfalls die Rede sein, denn die Amerikaner wussten genau Bescheid. Der amerikanische Geheimdienst hatte bereits seit 1940 den japanischen Geheimcode geknackt[93]. Ferner wurde der OSS (Office of Strategic Services), der Vorläufer der späteren CIA, von den Briten gewarnt, dass eine japanische Flotte mit Kurs auf Hawaii ausgelaufen war. Dies bezeugt auch William Casey (Chef der CIA) in seinen posthum erschienenen Memoiren[94]. Den Oberbefehlshabern in Hawaii, Admiral Kimmel und Generalleutnant Short wurde somit bewusst eine Warnung vor dem genauen Tag des Angriffes vorenthalten. Die besten Schiffe sowie die Elitetruppen wurden einige Tage vor dem Angriff abgezogen, was zur Folge hatte, dass im Hafen fast ausnahmslos die alten Schlachtschiffe aus dem Ersten Weltkrieg übrig blieben.

Auf den japanischen Angriff waren die amerikanischen Soldaten nicht vorbereitet und diesem hilflos ausgeliefert.

Die getöteten US-Matrosen und Zivilisten waren nur Mittel zum Zweck, quasi das Bauernopfer, um die gewünschten Ziele zu erreichen.

Durch den schon im Ersten Weltkrieg erprobten lohnenden späten Einstieg in den Krieg, wurden nun die USA die unangefochtene Nummer 1 in der Welt und damit der eindeutige Profiteur aus den zwei Weltkriegen.

Der Film „Sacrifice at Pearl Harbor" der BBC, aus dem Jahre 1989, zählt zu den Dokumentationen, die bewusst von den öffentlichen Medien gemieden werden.

Der Grund liegt darin, dass dort freigegebene Regierungsdokumente, Archivfilme und Interviews mit Diplomaten sowie Spionen gezeigt werden, die belegen, dass dieser Angriff lange im Voraus bekannt war und bewusst zugelassen wurde.

Jetzt sollte es nur 23 Jahre dauern, bis ein anderes Ereignis zur sprudelnden Geldquelle der internationalen Bankiers und Rüstungskonzerne wurde.

DER TONKIN-ZWISCHENFALL

„Die Menschheit muss dem Krieg ein Ende setzen.
Oder der Krieg setzt der Menschheit ein Ende."

John F. Kennedy (1917 - 1963)

Als Tonkin-Zwischenfall (auch Tongking-Zwischenfall) werden die Ereignisse, die sich im Golf von Tonkin, direkt vor der Küste des damaligen Nordvietnams, ereignet haben, bezeichnet. Offiziellen Angaben zufolge wurde im August 1964, ein US-amerikanisches Kriegsschiff in ein Gefecht mit nordvietnamesischen Schnellbooten verwickelt.

Bereits einige Monate nach der Ermordung Kennedys hatte Lyndon B. Johnson den Plan seines Vorgängers, die amerikanischen Militärberater aus Vietnam abzuziehen, öffentlich in Frage gestellt.[95] Den Tonkin-Zwischenfall nahm Johnson nun zum Anlass, die sogenannte Tonkin-Resolution zu erlassen. Diese sah die offizielle Beteiligung der USA an den Auseinandersetzungen zwischen den beiden Landesteilen vor, was sich in der Folge zum Vietnamkrieg (1965–75) ausweitete.

Henry Kissinger sabotierte damals die amerikanisch-vietnamesischen Friedensverhandlungen 1968 in Paris,[96] mit dem Ergebnis, dass der Krieg noch Jahre weiterging. Opfer dieser Sabotage waren ca. eine halbe Million Vietnamesen und zehntausende Amerikaner[97].

Der Vietnamkrieg war im wahrsten Sinne des Wortes ein Bombengeschäft für die Rüstungsindustrie, die zwischen 1965 und 1975 das Äquivalent von 662 Milliarden Dollar gekostet hat.[98] Ein Name ist untrennbar mit den Kriegslügen der US-Präsidenten seit dem Zweiten Weltkrieg verbunden:

Daniel Ellsberg, Wirtschaftswissenschaftler mit Abschlüssen in Harvard und Cambridge, arbeitete damals unter Verteidigungsminister Robert McNamara im Pentagon. In seiner Position hatte er Zugang zu geheimsten Papieren des Pentagons ("Pentagon-Papiere"), die die Haltung der US-Präsidenten von Truman über Kennedy bis zu Lyndon B. Johnson zum Vietnam-Konflikt dokumentierten, die oft im krassen Gegensatz zu den offiziellen Veröffentlichungen standen.

1971 veröffentlichte er den als ‚Pentagon-Papiere' bekannt gewordenen Bericht, der die Darstellung des Zwischenfalls durch die frühere Regierung als bewusste Falschinformation entlarvte.

Dieser Bericht wies nach, dass 1964 mit dem Vortäuschen eines angeblichen Angriffs Nord-Vietnams im Golf von Tonkin (Tonkin-Zwischenfall) beim amerikanischen Volk die Bereitschaft zum Krieg erst erzeugt wurde. Mit anderen Worten: Das amerikanische Volk wurde wissentlich belogen, um einen langen, kostenintensiven Krieg für den Steuerzahler und einen extrem profitablen Krieg für die Rüstungskonzerne führen zu können. Diese Dokumente schockierten das amerikanische Volk, da die New York Times und die Washington Post einen Teil der Dokumente veröffentlichte. Präsident Nixon hinderte über ein Bundesgericht ("aus Gründen der nationalen Sicherheit") die Presse daran, weitere Veröffentlichungen vorzunehmen.

Daniel Ellsberg wurde zum gefährlichsten Mann Amerikas erklärt, und es wurde Anklage gegen ihn erhoben. Das Kuriose daran ist, dass der größte Teil der amerikanischen Bevölkerung ihn nicht als Held, sondern eher als Verräter ansah. Daniel Ellsberg, der sein Gewissen über seine Karriere gestellt hat, sagte dazu: "Leider bemerkt man was über seine Mitmenschen, was man gar nicht wissen will: dass sie zuhören, es sogar verstehen und es dann aber weiter ignorieren, obwohl sie seit Jahrzehnten belogen wurden."

Erst Jahre später, genauer gesagt am 30. November 2005, gab der US-Geheimdienst NSA geheime Dokumente frei und bestätigte damit indirekt, aber offiziell, dass der Vietnamkrieg infolge einer bewussten Falschmeldung an US-Präsident Johnson begann.[99]

Im Laufe des Vietnamkrieges starben 2 Millionen Vietnamesen und ca. 60.000 US-Soldaten.[100]

DIE IRAKKRIEGE

„Dieser drohende Krieg ist gewollt, jeder kann wissen oder ahnen, dass es ums Öl geht."

(Günter Grass)

Ende der 80er-Jahre war aufgrund des lang geführten Iran-Irak-Kriegs die irakische Wirtschaft sehr in Mitleidenschaft gezogen worden. Zu dieser Zeit, genauer gesagt im Juni 1989, reiste eine Delegation mit Alan Stoga (Kissinger Association Ltd.), Vorstandsmitglieder von Bankiers Trust, Mobil, Occidental Petroleum, nach Bagdad. Saddam Husseins Interesse lag darin, über die Finanzierung des Badush-Staudamm-Projektes zu sprechen.[101]

Dieses Projekt hätte, wenn es durchgeführt worden wäre, den Irak in ca. fünf Jahren von Nahrungsmittelimporten unabhängig gemacht. Das lag ganz und gar nicht im Interesse der Delegationsteilnehmer, die Saddam Hussein indirekt aufforderten, seine Staatsschulden zu begleichen. Man schlug ihm in diesem Zusammenhang vor, seine nationale Ölindustrie zum größten Teil zu "privatisieren".[102] Saddam Hussein ließ sich auf diesen Vorschlag nicht ein.

Nach dem Motto, erst versprochen, dann gebrochen, wurden Ende 1989 die dem Irak bereits von George Bush (Senior) zugesagten 2,3 Milliarden Dollar gesperrt.[103] So war der Irak Anfang 1990 plötzlich von westlichen Bankkrediten ausgeschlossen. Jetzt mussten die internationalen Bankiers wieder in die Trickkiste greifen, um an das irakische Öl heranzukommen, die zu den größten Erdölvorkommen der Welt gehören.

Die amerikanische Botschafterin in Bagdad, April Glaspie, übermittelte Saddam Hussein am 27.07.1990, dass sich die USA nicht in eine Auseinandersetzung zwischen Kuwait und dem Irak einmischen würden. Erst darauf hin marschierten am 02.08.1990 die irakischen Truppen in Kuwait ein.[104]

Jetzt musste wieder eine Rechtfertigung für den Kriegseintritt der USA gefunden werden. Das Ereignis, dass die amerikanische Bevölkerung dazu brachte, wieder hinter ihrer Regierung zu stehen und den Eintritt der USA zu befürworten, wird als ‚Brutkastenlüge' bezeichnet.

Eine damals 15-jährige Kuwaiterin erklärte am 10. Oktober 1990 vor dem Menschenrechtsausschuss des US-Kongresses unter Tränen, sie habe freiwillige Arbeit im Al-Adnan-Krankenhaus in Kuwait-Stadt geleistet und sagte wörtlich: „Ich habe gesehen, wie die irakischen Soldaten mit Gewehren in das Krankenhaus kamen..., die Säuglinge aus den Brutkästen nahmen, die Brutkästen mitnahmen und die Kinder auf dem kalten Boden liegen ließen, wo sie starben."

Um die 53 Millionen US-Bürger und auch viele Menschen in anderen Ländern sahen ihrer Aussage im Fernsehen zu. Diese Nachricht löste weltweit Empörung aus, auch der damalige US- Präsident George Bush entrüstete sich öffentlich und erwähnte deren Geschichte in den nächsten fünf Wochen nicht weniger als sechs Mal.[105]

Nach diesem Ereignis stieg die Anzahl der Befürworter des geplanten amerikanischen Militärschlags gegen den Irak auf 72 Prozent, nachdem sie noch im Sommer bei nur 34 Prozent gelegen hatte.[106] Nun sah der US-Kongress die Zeit gekommen, die Aggression dieses gnadenlosen Diktators aufzuhalten.

Drei Monate nach der Aussage der 15-jährigen Kuwaiterin begann der Golfkrieg, bei dem ca. 150.000 Menschen starben.[107]

Die Behauptung stellte sich später als haltlos heraus, als herauskam, dass die Jugendliche die Tochter eines kuwaitischen Diplomaten war. Zwei Krankenschwestern der betreffenden Entbindungsstation erklärten später, dass die Jugendliche nie dort gearbeitet habe und die von ihr beschriebenen Vorfälle niemals stattgefunden hätten.

Ferner stellte sich heraus, dass die Organisation Citizens for a Free Kuwait die PR-Agentur Hill & Knowlton für 10 Millionen US-Dollar beauftragt hatte, die erfundene Geschichte des Mädchens publik zu machen.[108]

Da die Ziele aus Sicht der Kreise, die den Krieg inszeniert hatten, noch nicht erfüllt wurden, musste ein zweiter Anlauf gestartet werden.

Nachdem George W. Bush das Amt des Präsidenten übernahm, wurde relativ schnell klar, dass er das Werk seines Vaters vollenden würde. Die Weichen für einen erneuten Krieg gegen den Irak wurden sehr schnell gestellt. Medienwirksam sprach er über die „Achse des Bösen", indem er vorrangig den Irak beschuldigte, Massenvernichtungswaffen zu besitzen. Ferner warf er dem Irak vor, eine Atombombe zu entwickeln.

Als Begründung für den Irakkrieg 2003 nannte die angreifende „Koalition der Willigen", unter der Führung der USA, vor allem eine angeblich akute Bedrohung durch Massenvernichtungsmittel seitens des irakischen Diktators Saddam Hussein. Diese und weitere Begründungen waren vor dem Irakkrieg stark umstritten. Selbst die ehemaligen UN-Waffeninspekteure Scott Ritter, El Baradei und Hans Blix beteuerten, keinerlei Beweise für ein irakisches Atomwaffenprogramm gefunden zu haben. Auch fanden sich keine Anhaltspunkte für biologische oder chemische Massenvernichtungswaffen, die eine Bedrohung für andere Länder darstellen könnten.[109]

Die Legitimation durch ein UN-Mandat für den Waffengang der „Koalition der Willigen" verweigerte der UN-Sicherheitsrat. Damit gilt der Zweite Irakkrieg völkerrechtlich als illegaler Angriffskrieg. Die genannten Kriegsgründe sind historisch widerlegt und werden oft als absichtliche Irreführung der Weltöffentlichkeit bewertet, da im Irak weder Massenvernichtungsmittel noch Beweise akuter Angriffsabsichten gefunden wurden.

Der ehemalige Außenminister der USA, Colin Powell, hat am 09.09.2005 erstmals öffentlich zugegeben, in Vorbereitung des Irakkrieges bewusst und vorsätzlich gelogen zu haben.

Er behauptete damals vor einem Gremium, die vorgelegten Dokumente und das Aufklärungsmaterial für den angeblichen Beweis über den Besitz von Massenvernichtungswaffen des Iraks und einer daraus entstandenen Bedrohung der Welt, seien echt. [110] Dieses Schuldbewusstsein sei auch in der Folge der Grund gewesen, nicht mehr Mitglied der amerikanischen Regierung sein zu wollen.

Nachdem die Kontrolle über die strategisch wichtige Ölindustrie erlangt wurde und unzählige amerikanische Soldaten ihr Leben ließen, waren für die Initiatoren des Krieges alle strategisch wichtigen Ziele erreicht.

DIE AFGHANISTAN-LÜGE

„Es gibt keinen Unsinn, den man der Masse nicht durch ge-schickte Propaganda mundgerecht machen könnte."

Lord Bertrand Russell (1872 - 1970)

Die Afghanistan-Offensive steht im zeitlichen Zusammenhang mit dem wiederholten Einmarsch der US-geführten Truppen in den Irak. Wieder einmal ging es gegen den Terrorismus und nach offizieller Version um Frieden und Freiheit, bei dem unzählige Soldaten der NATO-Truppen bisher ihr Leben ließen.

Die Politik will uns weismachen, dass zur Verteidigung der Demokratie und zur Bekämpfung des internationalen Terrorismus auch Opfer in Form von Menschenleben gebracht werden müssten, was wir Deutschen mittlerweile leidvoll erfahren mussten. Laut aktuellen Umfragen sind 95 % der Bevölkerung gegen den Afghanistan-Einsatz und 95 % der Parlamentarier dafür.

Die offizielle Version für den Afghanistan-Krieg liest sich wie folgt:

Die Medien ließen verlauten, dass Osama Bin Laden für die Anschläge vom 11. September 2001, bei denen ca. 3.000 Menschen ums Leben kamen, verantwortlich sei und sich angeblich nach Afghanistan absetzte, um dort Schutz bei seinem Freund, dem Taliban-Führer Mullah Omar, zu suchen. Um Osama Bin Laden ausfindig zu machen, wurde die ganze Kriegsmaschinerie in Gang gesetzt, die Milliarden an Staatsgeldern (Steuergeldern) verschlungen hat und im Ergebnis 10 Jahre brauchte, um Osama Bin Laden zu finden. Da er bei der Festnahme leider erschossen wurde, blieb ähnlich, wie im Fall Kennedy, den Anklägern eine Menge Arbeit erspart und viele wichtige Fragen bleiben im Dunkeln. Auch ist ihm die Möglichkeit verwehrt geblieben, sich bezüglich der gegen ihn erhobenen Anschuldigungen zu äußern. Selbst eine Autopsie ist nicht mehr möglich, da seine Leiche verbrannt und die Asche dem Meer übergeben wurde.

Bis heute wird in Afghanistan immer noch ein Krieg geführt, mit hunderttausenden von Opfern seit Beginn der Offensive und das ohne ein absehbares Ende.

Worum es tatsächlich in Afghanistan geht, kann man sehr schön in dem 1997 erschienenen Buch "The Great Chessboard" (Das große Schachbrett) von Professor Zbigniew Brzezinski[111] (Sicherheitsberater von US-Präsident Jimmy Carter) erkennen.

Darin beschreibt er, dass in Eurasien das Zentrum der Weltmacht liegt. „Amerikas globale Vorherrschaft hängt direkt davon ab, wie lange und wie effektiv das amerikanische Übergewicht auf dem eurasischen Kontinent aufrechterhalten werden kann."

Brzezinski benennt dafür unter anderem Kasachstan, Turkmenistan und besonders Usbekistan und verweist auf die „enorme Konzentration von Gas- und Ölreserven" und auf die Planung einer Pipeline durch Afghanistan und Pakistan.

Nur wenigen ist bekannt, dass am 07.10.2001 die USA einen geheimen Vertrag mit Usbekistan unterzeichneten, dessen Details nie veröffentlicht wurden.[112] Es gibt Mutmaßungen, dass er den Weg für den Bau einer Pipeline von Nord-Turkmenistan durch Afghanistan nach Pakistan und damit an den Indischen Ozean freimachte.

Am 14.06.2010 berichtete die renommierte "New York Times" unter Berufung auf US-Regierungsmitarbeiter, dass Afghanistan im Besitz von bisher unentdeckten Bodenschätzen im Wert von einer Billion Dollar sein könnte. Die Vorkommen von Lithium, Eisen, Kupfer, Kobalt und Gold seien so riesig, dass das verarmte Land zu einem der weltgrößten Bergbauzentren avancieren könnte. "Es gibt hier ein erstaunliches Potential", erklärte der Kommandeur des Zentralkommandos der US-Streitkräfte, General David Petraeus.

Interessanterweise befindet sich ein Großteil der Vorkommen im Süden und Osten an der Grenze zu Pakistan. Damit wird offensichtlich, aus welchem Grund in dieser Region der Aufstand der Taliban-Rebellen besonders ausgeprägt ist.

Ferner hat Afghanistan noch einen weiteren weltweit gefragten „Bodenschatz", den Mohn, der zur Heroinherstellung dient. Bis zur Machtergreifung der Taliban im Jahre 1996 wurden ca. 80 % der Welt-Heroin-Menge aus dem Land geschmuggelt. Das änderte sich jedoch radikal nach der Machtergreifung der Taliban. Aus religiösen Gründen wurde der Drogenanbau verboten. Am 13. Juni 2001 veröffentlichte Barbara Crossette einen Artikel in der New York Times[113], in dem sie schrieb, der unerwartete Erfolg der Taliban in Afghanistan habe bereits dreiviertel des Opiumanbaus der Welt ausgemerzt.

Da die Staaten der Weltgemeinschaft – allen voran die USA – sich aktiv gegen den Drogenhandel einsetzen, müsste man eigentlich denken, dass, nachdem die ISAF[114] Afghanistan besetzt hat, der Drogenhandel völlig zum Erliegen gekommen wäre. Das Gegenteil ist jedoch der Fall, der Opiumanbau ist auf Weltrekordniveau angestiegen, obwohl der Westen bereits seit über zehn Jahren die Kontrolle hat. Die Opiumproduktion stieg von 2001 bis 2011 von 185 Tonnen auf unvorstellbare 5.800 Tonnen. Das hat zur Folge, dass ca. 90 Prozent des Heroins auf europäischen Straßen aus Afghanistan stammt, was die UN-Zahlen belegen.[115] Über solche Geschehnisse müsste ein jeder Verteidigungsminister, der für die Streitkräfte verantwortlich ist, im Normalfall informiert sein. Da ein Verteidigungsminister auch nur ein Erfüllungsgehilfe ist, wird er der Öffentlichkeit die wahren Hintergründe niemals Preis geben.

Diese Politiker wollen den Bürgern weismachen, dass der Schutz der eigenen Soldaten ihnen ganz nah am Herzen liegt und sie alles Menschenmögliche tun, um Verluste zu vermeiden. Mittlerweile ist bekannt, dass Uranmunition in den Kriegsgebieten eingesetzt wird, mit verheerenden gesundheitlichen Folgen für die Soldaten. Einer der wenigen, die sich dieses Themas annahmen, ist der Grimme-Preis-Träger und Träger des europäischen Fernsehpreises, Frieder Wagner.[116] Nachdem er angefangen hat, über den Einsatz von Uranmunition Dokumentationen, wie „Deadly Dust- Todesstaub"[117] zu drehen, blieben für ihn nach 30-jähriger Tätigkeit für die öffentlich-rechtlichen Anstalten weitere Aufträge aus. [118]

DIE LIBYENLÜGE

„In der Politik geschieht nichts zufällig! Wenn etwas geschieht, kann man sicher sein, dass es auf diese Weise geplant war!"

Franklin D. Roosevelt (1882 - 1945)

Der Krieg in Libyen gehört, genauso wie der Irak-Krieg und die Afghanistan-Mission, zu den Ereignissen der letzten Jahre, die sehr schön die Verbindung zwischen Politik und Medien zur Manipulation der Massen beweisen.

Zeitweise unterstützten beispielsweise laut Umfragen weit mehr als 50 % aller Europäer den Krieg der NATO-geführten Truppe in Libyen und nur die wenigsten erkannten, dass der Krieg nach dem gleichen Spielplan der Initiatoren und Profiteure ablief.

Die, die der mediengeführten Propaganda widerstehen konnten und nach der Wahrheit suchten, stellen sich die entscheidenden W-Fragen:

„Wer profitiert davon und in welcher Form?" sowie „Warum wurde gerade dieses Land gewählt?"

Bei der Recherche nach Antworten auf diese Fragen, stellt man dann sehr schnell fest, dass es sich hier um ein Land handelt, welches einen eigenständigen Weg gehen wollte und sich der hemmungslosen Gier des Großkapitals in den Weg stellte. Des Weiteren wollte es seine Bodenschätze nicht bedingungslos ausbeuten lassen.

Libyen ist eines der reichsten Länder des afrikanischen Kontinents, welches über Öl, Gas und geschätzte 150 Tonnen Goldreserven[119] sowie, nicht zu vergessen, Wasser verfügt. Gaddafi hat sein Land an die Spitze des afrikanischen Kontinents gebracht und einen Großteil der Erdöleinnahmen nicht nur in seinen Palast, sondern zum großen Teil in sein Land und seine Bevölkerung investiert.

Strom war beispielsweise kostenlos für alle Bürger, ebenso vergaben die staatlichen Banken Darlehen an die Bürger zu 0 % Zinsen. Bildung und medizinische Behandlung waren kostenlos in Libyen, die Alphabetisierungsrate stieg unter Gaddafi auf 83 % und 25 % der Libyer haben einen Hochschulabschluss.[120]

Für Libyer, die ein Auto kauften, subventionierte die Regierung 50 % des Kaufpreises.

Libyen hatte keine Auslandsschulden und Reserven in Milliardenhöhe, die eingefroren wurden und wohl für immer verloren sind.

Vor Jahren waren sich bereits die Experten darüber einig, dass in naher Zukunft, die meisten Kriege nicht wegen Erdöls, sondern aufgrund der drohenden Wasserknappheit, um das Wasser geführt werden. Fast unbemerkt von der westlichen Welt und unbeachtet durch deren Medien, hatte Gaddafi das „Great-Man-Made-River-Projekt"[121], ein gigantisches Projekt zur Wasserversorgung für Libyen, Ägypten und den Sudan im Jahr 1980 begonnen und beinahe fertiggestellt.

Das geschah ausschließlich mit eigenen Mitteln und nicht wie sonst üblich unter Beteiligung des IWF und der Weltbank, die gerne Länder auf diese Weise in ihre Abhängigkeit bringen.[122] Dieses Projekt wird in Insiderkreisen als 8. Weltwunder bezeichnet, da es ganz Nordafrika in einen blühenden Garten verwandelt hätte. Der Wasservorrat könnte nach Expertenberechnungen bis zu 4.860 Jahre reichen, wenn die davon profitierenden Staaten ihn, wie vorgesehen, verwenden den.[123] Gott sei Dank haben NATO und Rebellen das libysche Volk davon befreit, um sie so in die Zinsknechtschaft zu bringen - mit allen damit verbundenen Konsequenzen.

Laut westlicher Welt war Gaddafi ein blutrünstiger, böser Tyrann. Die Propaganda ist heute dieselbe wie damals, nur dass die Hitlers von heute Mahmud Admedinedschad, Saddam Hussein, Muammar al-Gaddafi usw. heißen, die unbedingt bekämpft werden müssen. Nur das einzige, was sich nicht geändert hat, sind die Namen derjenigen, die die Profite aus diesen Kriegen einstreichen.

DIE VERLOGENE MORAL – RUANDA

„Eines der wirksamsten Verführungsmittel des Bösen ist die Aufforderung zum Kampf"

Franz Kafka (1883 - 1924)

Wie sich die internationale Gemeinschaft, vertreten durch ihre jeweiligen Politiker, für die Menschenrechte einsetzt, wenn keine Bodenschätze vorhanden sind, wie in den vorbenannten Beispielen, sieht man sehr schön an den Geschehnissen aus dem Jahr 1994 in Ruanda.

Am 06.04.1994 wurde ein Flugzeug mit Präsident Juvénal Habyarimana an Bord über der Hauptstadt Kigali abgeschossen. Die Menschenrechtsorganisation „Human Rights Watch" gab damals den westlichen Regierungen und dem UN-Sicherheitsrat eine schwere Mitschuld an dem Genozid.[124] In einem 1999 in Nairobi veröffentlichten Untersuchungsbericht hieß es, dass die USA, Frankreich und Belgien schon Monate vor Beginn der Massaker Dutzende von Warnungen erhalten hätten, jedoch nicht eingegriffen haben.[125] Die Clinton-Administration, die zu keinem Zeitpunkt einen militärischen Einsatz gegen die Massaker erwogen hatte, - da Ruanda ja keine amerikanischen Interessen bedrohte, wie es hieß - sprach sich in voller Kenntnis der Sachlage für den Abzug der UN-Einheiten aus Ruanda aus.

Unmittelbar danach begann ein Töten und Schlachten, bei dem von April bis Juni 1994 ca. 800.000 Menschen getötet wurden. Von Gedenkminuten, Schweige- und Trauermärschen war in den westlichen Metropolen nichts zu sehen. Im Gegenteil, die Tagesgeschäfte in der Politik und im öffentlichen Leben gingen weiter, als sei nichts geschehen.

MYSTERIÖSE TODESFÄLLE

Bei genauer Betrachtung findet man nicht nur im Krieg Opfer, sondern auch in Politik und Wirtschaft.

Nur sind hier die Zusammenhänge schwerer zu durchschauen, da auf höchster Ebene Beweise manipuliert werden und Zeugen auf mysteriöse Art und Weise ums Leben kommen. Mit anderen Worten, es wird alles unternommen, damit die Wahrheit nicht ans Tageslicht kommt. Der Grund hierfür ist, dass die Überzeugungen und Handlungen der Opfer häufig im Gegensatz zur offiziellen Politik standen.

Oftmals waren deren Entscheidungen ein Dorn im Auge der Mächtigen.

Eines der bekanntesten Opfer, das sich direkt mit den Mächtigen seiner Zeit angelegt hat, war John F. Kennedy.

*„Ich meine, dass Bankinstitute unsere Freiheiten stärker ge-
fährden als stehende Armeen. Wenn das amerikanische Volk
den Privatbanken jemals die Herausgabe ihres Geldes erlaubt,
dann werden die Banken, zuerst durch Inflation, dann durch
Deflation, den Menschen ihr gesamtes Eigentum rauben, bis
ihre Kinder auf dem von ihren Vätern eroberten Kontinent
obdachlos aufwachen. Das Recht der Geldschöpfung sollte den
Banken genommen und dem Volk zurückgegeben werden,
dem es ordnungsgemäß gehört."*

Thomas Jefferson (1743 – 1826)[126]

Ab und zu gab es einen Politiker, der versuchte, aus dem Korsett auszubrechen, in das die Hintermänner jeden einbinden, der an die vordergründige Macht gelassen wird. Ein Name ist untrennbar damit verbunden: John F. Kennedy.

Der Fall Kennedy gilt immer noch, trotz unzähliger Ungereimtheiten, als aufgeklärt. Die offizielle Version besagt, dass ein Einzeltäter, Lee Harvey Oswald, mit einem italienischen Carcanogewehr die tödlichen Schüsse am 22.11.1963 auf Präsident Kennedy abgegeben haben soll. Den Karabiner hatte er für 12,78 Dollar in einem Versandhaus bestellt.[127] Ferner stellte sich heraus, dass das Zielfernrohr kaputt war.[128] Da der Carcanokarabiner kein automatisches Gewehr war, musste der Schütze nach jedem Schuss absetzen, durchladen, anlegen, zielen und wieder schießen. Die Italiener bezeichneten dieses Gewehr als „humane Waffe", da man damit nicht treffen konnte.[129]

Lee Harvey Oswald konnte jedoch die Anschuldigung des Präsidentenmords nicht entkräften, da er selbst zwei Tage nach dem Attentat durch den Nachtclubbesitzer Jack Ruby erschossen wurde. Zu dem Schluss, dass Oswald ein Einzeltäter war, kam nach langen Ermittlungen die Warren Kommission[130]. Zu keinem Zeitpunkt der Ermittlungen wurde auch nur ansatzweise eine Verschwörung in Erwägung gezogen. Laut den Ermittlungen der Warren Kommission soll Oswald drei gezielte Schüsse innerhalb von fünf Sekunden abgegeben haben. Unzählige Versuche von professionellen Schützen, in der vorgegebenen Zeit von fünf Sekunden, drei gezielte Schüsse abzugeben, blieben erfolglos. Wer letztendlich den bzw. die tödlichen Schüsse abgab, wird höchstwahrscheinlich nie ganz geklärt werden.

Seit fast 50 Jahren wird die Öffentlichkeit mit folgenden Fragen konfrontiert: Wer steckte dahinter? Die Mafia, die CIA, das FBI oder war es doch ein Einzeltäter?

Letztendlich wird dadurch nur von den entscheidenden Fragen abgelenkt, die wie folgt lauten: Wer hatte ein Interesse an Kennedys Tod und wer profitierte davon?

Genauso wie Thomas Jefferson (1743 – 1826) in weiser Voraussicht vor den Gefahren warnte, die vom Bankensystem ausgingen, war John F. Kennedy in seiner Amtszeit unmittelbar damit konfrontiert, nämlich mit der FED. Er wusste genau, dass es sich bei der amerikanischen Notenbank, genannt Federal Reserve Bank (FED), um ein privates Unternehmen handelt, dessen Besitzer höchste Anonymität genießen.

John F. Kennedy jedoch zog es in Erwägung, die FED durch eine staatliche Zentralbank zu ersetzen. Damit wäre die US-Regierung unabhängig von der FED geworden, da es ihr wieder möglich gewesen wäre, ihr eigenes Geld zu drucken.

Diese Pläne setzte Kennedy in die Tat um, indem er nur einige Monate vor seiner Ermordung, am 4. Juni 1963, ein Dekret unterzeichnete. Der Präsidentschaftserlass (Executive Order No. 11110) sollte die FED durch eine staatliche Zentralbank ersetzen. Damit wäre ein Jahrhundertbetrug beendet worden. Seit Gründung der FED hat es kein US-Präsident gewagt, diesen „kleinen elitären Club" von privaten Bankiers in Frage zu stellen.

Doch Kennedy hatte noch darüber hinausgehende Ambitionen, er wollte nämlich auch den Vietnamkrieg beenden.

Bereits im Oktober 1963 hatte er eine Direktive unterschrieben, welche den Rückzug von ca. 1.000 US-Beratern aus Vietnam befahl. Die Beendigung des Krieges hätte eine wichtige Einnahmequelle der FED versiegen lassen.

Sein Nachfolger, Lyndon B. Johnson, sorgte dann auch umgehend, vier Tage nach der Ermordung Kennedys, dafür, dass diese Direktive nicht zur Ausführung kam.[131] Damit konnte der Krieg in Vietnam bis 1975 weitergehen, was ganz im Sinne der Hochfinanz war.

Schließlich muss sich der Staat für einen so langwierigen und kostenintensiven Krieg regelmäßig Geld bei den Banken leihen. Offiziell hat die USA den Krieg zwar verloren, aber für die Bankiers wurde er zu einem der lukrativsten Geschäfte seit dem Zweiten Weltkrieg. Ein anderer gehörte ebenfalls zu den Profiteuren von Kennedys Tod, nämlich die CIA. Kennedy wagte es, sich mit der mächtigen CIA anzulegen, indem er plante, diese aufzulösen.

Kennedy übernahm einen Militär- und Geheimdienstapparat, der sich nach dem Zweiten Weltkrieg zu einem Staat im Staate entwickelt hatte. Die CIA hatte unter der Leitung von Allen Dulles bereits Dutzende Regierungen gestürzt und Staatsführer ermorden lassen. Somit war Kennedys Intention, die CIA „in 1000 Stücke zu zerschlagen", zu einer enormen Gefahr für die Existenz derselben geworden.[132] Ein weiterer Profiteur wird in den offiziellen Medien in Bezug auf Kennedy so gut wie totgeschwiegen. Im März 2010 erinnerte ein Artikel mit dem Titel: „Als Ben-Gurion zu JFK nein sagte", in der Jerusalem Post an einen lange vergessenen Zwist zwischen den beiden befreundeten Staaten.[133]

Mittlerweile zugängliche Akten belegen, dass John F. Kennedy 1963 in einen bitteren, geheimen Konflikt mit dem israelischen Premierminister David Ben-Gurion verwickelt war. Ein Schreiben vom 18. Mai 1963, gerichtet an Ben-Gurion, verdeutlichte, dass der US-Präsident der Entwicklung von Atomwaffen in Israel Einhalt gebieten wollte. In diplomatische Höflichkeiten eingebettet, stellte Kennedy im besagten Schreiben die direkte und kompromisslose Forderung bezüglich einer Inspektion des nuklearen Forschungszentrums in Dimona. Er wollte damit sicherstellen, dass die Anlage nicht der Herstellung von Atomwaffen dient. Beobachter sprachen davon, dass sich Ben-Gurion nach den Gesprächen mit Kennedy angewidert zurückgezogen haben soll. Als Reaktion darauf sagte er, dass aufgrund von Kennedys Politik die „Existenz Israels gefährdet" sei.[134]
Der israelische Historiker Avner Cohen bestätigt in seinem Buch ‚Israel and the Bomb' (Israel und die Bombe) 1989, dass

der Konflikt zwischen Kennedy und Israel so schwer wog, dass die israelische Zeitung ‚Ha'aretz' postulierte, Cohens Enthüllungen würden „die Umschreibung der gesamten israelischen Geschichte notwendig machen". Wie Cohen schreibt, waren aus israelischer Sicht „Kennedys Forderungen [Israel gegenüber] diplomatisch unangemessen [und] unvereinbar mit der nationalen Souveränität". Cohen hob hervor, dass in jedem Fall „der Übergang von Kennedy zu Johnson...ein Vorteil für das israelische Atomprogramm war". Vorteil ist milde ausgedrückt, denn nach der Ermordung Kennedys vollzog die amerikanische Israel-Politik eine Kehrtwendung um 180 Grad.[135]

Somit könnte auch Israel zu den vermutlichen Profiteuren gehört haben, die einen Nutzen aus seiner Ermordung zogen, da es sein Existenzrecht bedroht sah.

Bereits am 27. April 1961 hielt US-Präsident John F. Kennedy, eine bemerkenswerte Rede vor der Vereinigung der amerikanischen Zeitungsverleger und warnte vor einer Verschwörung der mächtigen Strippenzieher im Hintergrund, die versuchten, über eine geheime Zusammenarbeit von Militär, Geheimdienst und Politik und mit dem Einsatz größter Geldmittel, entscheidenden Einfluss auf die Politik zu nehmen. Er nannte es eine „monumentale und rücksichtslose Verschwörung". Ein System, das unterwandert, im Geheimen operiert, das Militär, Diplomatie, Geheimdienste, Wirtschaft, Wissenschaft und Politik für die eigenen Interessen einzusetzen versteht und versucht, das Volk einzuschüchtern, um Zensur und Überwachung einführen zu können.

Er sagte: „Our way of life is under attack!"[136] Er wollte die Presse für eine offene Berichterstattung zur Aufdeckung und öffentlichen Diskussion gewinnen. Kennedy muss sich wie Don Quichotte gefühlt haben, denn er hatte die dunklen Mächte verkannt. Einen kleinen Einblick gab 2002 der Milliardär David Rockefeller fast vierzig Jahre später in seinen Memoiren, als er sich in einer Rede bei Zeitungsverlegern bedankte:

"Wir sind den großen Zeitungsverlagen wie ‚The Washington Post‘, ‚The New York Times‘, ‚Times Magazine‘ und anderen guten Medien und deren Verlagschefs, die an unseren Treffen teilgenommen haben, sehr dankbar, dass sie ihr Versprechen, die Beschlüsse und Absichten in den letzten 40 Jahren geheim zu halten, auch eingehalten haben. Es wäre unmöglich gewesen, unseren Plan für die Welt umzusetzen, wenn wir unter dem Licht der Öffentlichkeit in all den Jahren gestanden hätten. Aber die Arbeit ist jetzt viel weiter und gut vorbereitet, um zu einer Weltregierung zu gelangen. Die übernationale Autorität und Kompetenz einer intellektuellen Elite und der Weltbanker ist sicher eher zu bevorzugen, als zu erlauben den einzelnen Nationen sich selbst zu entwickeln und zu verwirklichen, wie in der Vergangenheit geschehen"[137]

David Rockefeller (*1915) muss wissen, wovon er spricht. Er gehörte zu den einflussreichsten Personen weltweit und war zudem Direktor des Councils of Foreign Relations (CFR), Mitbegründer der Trilateralen Kommission[138] und des internationalen Eliteclubs Bilderberger. Bereits sein Vater John D. Rockefeller hatte zusammen mit J.P. Morgan ab 1917 diverse große amerikanische Zeitungen aufgekauft.

John Swinton, bedeutendster New Yorker Journalist um 1880, reagierte auf einen Trinkspruch eines seiner Kollegen auf die freie Presse, während eines Banketts wie folgt:

„Das Geschäft von uns Journalisten ist es, die Wahrheit zu zerstören, freiheraus zu lügen, zu verfälschen, zu Füßen des Mammons zu kriechen und unser Land und seine Menschen fürs tägliche Brot zu verkaufen. Sie wissen es, ich weiß es, wozu der törichte Trinkspruch auf die unabhängige Presse. Wir sind die Werkzeuge und Vasallen reicher Menschen hinter der Szene. Wir sind die Marionetten, sie ziehen die Schnüre und wir tanzen. Unsere Talente, unsere Fähigkeiten und unsere Leben sind alle das Eigentum anderer. Wir sind intellektuelle Prostituierte."

Glaubt man den offiziellen Medien, liegt über der Familie Kennedy ein ‚mystischer' Fluch, aufgrund der vielen Todesfälle. Bei genauerer Betrachtung stecken aber handfeste Interessen derselben Gruppierungen dahinter, die ebenfalls vom Tod John F. Kennedys profitierten.

Robert Kennedy wusste sehr genau, wer seinen Bruder wirklich erschossen hatte. Als Justizminister musste er Zugang zu geheimen Informationen im Zusammenhang mit der Ermordung seines Bruders gehabt haben. Ferner plante er seinem Bruder ins Präsidentenamt zu folgen. Mit seinem Charisma überstrahlte er den republikanischen Gegenkandidaten Nixon bei Weitem. Er stand genauso wie sein Bruder für einen Aufbruch in eine neue Zeit. Der Vietnamkrieg wäre unter Robert Kennedys Führung nicht denkbar gewesen. Sein Traum endete in der Nacht vom 5. auf den 6. Juni 1969, in der er selbst einem Attentat zum Opfer fiel. Somit war der Weg ins Weiße Haus frei für Richard Nixon und für die Weiterführung des Vietnamkrieges.

In den neunziger Jahren stand der Sohn des ermordeten J. F. Kennedy, John F. Kennedy jr., immer mehr im Rampenlicht der Öffentlichkeit. Viele sahen in ihm John F. Kennedy wieder, einen Mann mit außergewöhnlichem Charisma. 1988 wählte ihn beispielsweise das ‚People Magazine' zum ‚Sexiest Man Alive'. Er gab ein eigenes Polit-Magazin heraus, in dem er sich auch gegen die Medienmacht des Establishments auflehnte. Nachdem er seine politischen Ambitionen bekannt gab, war es mehr als wahrscheinlich, dass sein politischer Gegner Georg W. Bush gewesen wäre. Das hätte dann an das Duell seines Onkels Robert Kennedy gegen Nixon erinnert.

Leider kam es nicht dazu. Am 16. Juli 1999 stürzte auf ‚mysteriöse Weise' das von ihm gesteuerte Privatflugzeug, mit seiner Frau und deren Schwester ab.

Damit starb der letzte Hauch einer Hoffnung, dass ein Kennedy wieder Präsident der Vereinigten Staaten werden und das geistige Erbe fortführen könnte.

Die Kennedys waren Freidenker und schwer zu kontrollieren und standen somit denen im Wege, die spätestens seit 1913 die USA im Würgegriff haben.

Ab 2001 wurde, ganz im Sinne der Nutznießer aus dem vermeintlichen Fluch der Kennedys, die Ära Georg W. Bush eingeläutet, die für Kriege, Terrorismus, totale Überwachung, Folter und unzählige Tote steht.

Dass Kennedy der letzte Präsident war, der sich mit den Mächten im Hintergrund, wie der CIA und der Hochfinanz angelegt hatte, ist offensichtlich. Deshalb wird bewusst in den letzten Jahren durch die Medien versucht, sein Ansehen zu zerstören. Dies kommt einem Rufmord gleich, indem seine zahllosen Sexaffären als Enthüllungen veröffentlicht werden. Dabei war dies den Medien schon seit den sechziger Jahren bekannt. Mit allen Mitteln soll versucht werden, zu verhindern, dass ein ähnlicher Politiker an die Macht kommt.

KOLLATERALSCHÄDEN IM FALL KENNEDY:

Nach dem Attentat auf John F. Kennedy starben mindestens 100 Menschen auf mysteriöse Art und Weise, die etwas mit dem Fall zu tun hatten. Unter ihnen Reporter, Polizisten, Privatdetektive, Augenzeugen, aber auch Kriminelle. Auf den Totenscheinen stand erschossen, erwürgt, Selbstmord oder verbrannt.

Hier eine kleine Auswahl[139]:

Die Journalisten **Bill Hunter** (‚Long Beach Telegram') und **Jim Koethe** (‚Dallas Time Herald') trafen sich am Abend vor der Ermordung Oswalds, zusammen mit drei weiteren Männern in Jack Rubys Wohnung, in Oak Cliff, einem Vorort von Dallas. Jim Koethe starb an einem Schlag gegen die Halsschlagader, bei Bill Hunter wurde als Todesursache festgestellt: „aus Versehen von Polizisten erschossen".

Tom Howard (Rechtsanwalt Rubys) war ebenfalls Gast am Abend vor der Ermordung in Rubys Wohnung. Todesursache von den Ärzten des Parkland Memorial Hospitals: „Herzinfarkt". Die Obduktion der Leiche wurde abgelehnt.

Dorothy Killgallen, bekannte Journalistin, bekam von Richter Joe Brown als einzige die Erlaubnis, mit dem inhaftierten Jack Ruby, nachdem er Lee Harvey Oswald getötet hatte, eine halbe Stunde allein zu sprechen. In einem Artikel zitierte sie Ruby: „Ein paar mächtige Leute in Dallas schmieden einen Komplott, um mich zu vernichten." Am 08.11.1965 starb sie plötzlich und unerwartet in der Redaktion, nach einem Kurzschluss in der Lichtleitung des Hauses. Als offizielle Todesursache wurde im Totenschein vermerkt: Selbstmord durch Schlafmittelvergiftung.

Earlene Roberts, Zimmervermieterin der Pension, in der Oswald wohnte. Nach verschiedenen Verhören verstarb sie am 09.01.1966 an einem Herzinfarkt.

Hank Killams wohnte in derselben Pension wie Lee Harvey Oswald. Er wusste, dass Oswald vor den Tagen des Attentats mehrfach mit FBI-Leuten zusammengetroffen war. Das plauderte er aus. Er wurde mit durchschnittener Kehle aufgefunden. Der Polizeibericht gibt als Todesursache an, Killams sei durch eine Fensterscheibe gefallen.

Lee Bowers hat vor der Warren-Kommission bezeugt, dass nicht vom Schulbuchlager – dem angeblichen Standort Lee Harvey Oswalds - geschossen wurde, sondern vielmehr von der Grünfläche hinter dem Zaun. Seine Aussage fand im späteren Warren-Report keine Berücksichtigung. Ebenso unbeachtet blieb sein Autounfall am 09.08.1966, mit tödlichem Ausgang.

Teresa Norten, Betty MacDonald, Nancy J. Mooney, Rose Charamie und **Karen Cartin** waren Tänzerinnen aus Jack Rubys Nachtclub „Carousel". Sie hatten ausgeplaudert, dass Jack Ruby ständige Kontakte zu CIA und FBI pflegte. Nancy J. Mooney war imstande, Namen von Männern zu nennen, die mit Jack Ruby verkehrten. Am 30.01.1964 wurde sie wegen Ruhestörung verhaftet. Zwei Stunden später hing sie tot an einer Schlinge am Zellengitter. Die anderen starben durch Autounfälle und Schüsse aus dem Hinterhalt. In den Polizeiberichten stand: Racheakte verschmähter Liebhaber.

Gary Underhill war ein ehemaliger CIA-Agent, der behauptete, er wisse, wer verantwortlich für die Tötung Kennedys war. Er beging am 08.05.1964 Selbstmord

Nicht zu vergessen **David Ferrie**, der bereit war, als einer der Hauptzeugen in dem legendären Prozess, initiiert durch den bekannten Staatsanwalt Jim Garrison, auszusagen. Doch zu dieser Aussage kam es nicht mehr, da er vorher an einer Gehirnblutung verstarb.

Guy Bannister war ein Privatdetektiv, der für die Studie von Jim Garrison zur Ermordung von John F. Kennedy Zuarbeiten tätigte. Offiziell starb Bannister an einem Herzinfarkt, obwohl mehrere Zeugen bestätigten, dass sein Körper diverse Einschusslöcher aufwies.

Richard Cain war Leibwächter des Chicagoer Mafia-Bosses Sam Giancana, er erzählte herum, dass er und sein Boss an einem politischen Mord im Auftrage der CIA beteiligt gewesen sei. Einen Tag später wurde er von maskierten Männern erschossen.

Hale Boggs war das einzige Mitglied der Warren-Kommission, das nicht mit der Schlussfolgerung der Einzeltäterschaft einverstanden war. Hale Boggs starb bei einem Flugzeugabsturz.

Nachdem **Jack Ruby** drei Jahre im Gefängnis von Dallas geschmort hatte, wollte er in Washington die Wahrheit sagen. Der Antrag wurde von den Richtern abgelehnt. Am 03.01.1967 verstarb er angeblich an Krebs.

Diese „zufälligen" Todesfälle sind prädestiniert und finden sich immer wieder bei ähnlich gelagerten Fällen (Barschel, Prinzessin Diana, Herrhausen usw.).

Das sind jedoch wichtige Puzzleteile im Gesamtbild der Ereignisse, so auch beim Kennedy-Attentat, die jedoch in den Mainstream-Berichterstattungen bewusst keine Beachtung finden. Sie könnten ansonsten das vorgegebene Meinungsbild verzerren.

Letztendlich bleibt es jedem selbst überlassen, ob er hier nur Zufälle oder eher geheime Zusammenhänge sieht!

*„Kaum einer sah von Beginn an die Schwierigkeiten so deutlich
wie Rohwedder. Ihm war das gewaltige Ausmaß der notwen-
digen Umstellungen mit ihrem Zeitbedarf und ihren tief ein-
schneidenden sozialen Wirkungen vollkommen bewußt. Um so
kraftvoller bemühte er sich darum, die Menschen materiell und
seelisch nicht unter die Räder kommen zu lassen"*

Bundespräsident Richard von Weizsäcker (*1920)

Detlev Karsten Rohwedder (1932 - 1991) gehörte als Chef der Treuhand, genauso wie Alfred Herrhausen, ehemaliger Vorstand der Deutschen Bank, zu den maßgeblichen Personen, die die Möglichkeiten hatten, die von Kohl versprochenen „blühenden Landschaften" in Ostdeutschland tatsächlich umzusetzen.

Rohwedder hat sich große Verdienste bei der Sanierung von Hoesch erworben und sicherte damals über 10.000 Arbeitsplätze. Für die erfolgreiche Sanierung des Hoesch-Konzerns wurde er 1983 als „Manager des Jahres" ausgezeichnet. Unter den Mitgliedern des Hoesch-Betriebsrats war Rohwedder als harter Typ bekannt, aber wenn er ja sagte, dann meinte er auch ja. Unter seiner Führung wurde ein Belegschaftsabbau geschafft, ohne dass ein einziger Mitarbeiter in die Arbeitslosigkeit entlassen werden musste. Er gehörte zu den ganz wenigen Menschen, die sich eigenverantwortliche Gedanken über die Zukunft Deutschlands machten. Ferner hatte er eine weitreichende Vision im Interesse Deutschlands entwickelt. Diese stand im Gegensatz zu vielen Politikern, die im Interesse der Alliierten eher ein geteiltes Deutschland aufrechterhalten wollten.

Rohwedder hatte jedoch von Anfang an einen schweren Stand in der Treuhand, da Birgit Breuel als Hardlinerin im Vorstand der Treuhand eine gegenteilige Position zu Rohwedder vertrat. Seine Aufgabe bestand darin, die sogenannten ‚Volkseigenen Betriebe' der DDR in die deutsche Markt-Wirtschaft einzugliedern. Letztendlich kam er zu dem Schluss, dass die rücksichtslose Privatisierung einiger überlebensfähiger DDR-Industrien nicht akzeptable soziale Folgen mit sich bringen würde.

Zu Beginn des Jahres 1991 stellte Rohwedder das Treuhandkonzept vor, dass die Sanierung der Betriebe vor die Privatisierung gehen müsse, damit die Arbeitsplätze erhalten bleiben. Damit erlaubte er sich, gegen den Strom zu schwimmen und gleichzeitig die Interessen der Großfinanz an der Wall Street zu unterlaufen. [140]

Dies gefiel weder Birgit Breuel, noch den britischen und amerikanischen Investmentbanken, die ihm vorwarfen, ausländische Investoren zu blockieren. In diesem Zusammenhang schlugen Sie vor, die ganze Privatisierung an private Investmentbanken abzugeben[141]. Rohwedders Tage waren damit gezählt.

Seine Vision endete am Ostermontag 1991. An diesem Tag wurde der Bevölkerung klar gemacht, dass mal wieder das RAF-Phantom zugeschlagen habe. In James-Bond-Manier gab der Schütze, aus einer Entfernung von 65 m, im Dunkeln, von unten nach oben, einen gezielten tödlichen Gewehrschuss durch dichtes Zweigwerk auf Rohwedder ab.

Detlev Karsten Rohwedder stand mit dem Rücken zum Fenster, er wollte gerade das Licht löschen, um schlafen zu gehen, als ein Schuss fiel. Eine Gewehrkugel trifft ihn durchs Fenster – schwer davon getroffen, verblutet Rohwedder auf dem Boden seines Arbeitszimmers. Nur einem erlesenen Kreis war bekannt, dass im ersten Stock seines Hauses Normalglas und im Erdgeschoss Panzerglasscheiben verbaut wurden. Falsche Sparsamkeit oder Absicht?

Erstaunlich hierbei ist, dass die RAF in der Vergangenheit bei ihren Anschlägen keine Präzisionsgewehre benutzte, sondern ausschließlich Sprengstoff und Maschinenpistolen. Eigenartigerweise ermittelten die zuständigen Behörden auch nie im Bereich der internationalen Finanzkreise, die sehr wohl ein Motiv hatten, Rohwedder umzubringen. Für ihre unersättliche Profitgier, aus den ehemals ostdeutschen Firmen das Maximale herauszuholen, galt Rohwedder als Haupthindernis.

Selbst ein GSG-9-Ausbilder sagte damals in einem Interview, dass es völlig unwahrscheinlich sei, dass jemand den Anschlag ohne eine professionelle Ausbildung am Scharfschützengewehr hätte ausführen können.[142] Insoweit kann es nur eine Handvoll Schützen gegeben haben, die in der Lage waren, diesen speziellen Schuss abzugeben.

Außerdem wusste der Schütze, dass nur im oberen Teil der Rohwedder-Villa normales Fensterglas verbaut war und nicht, wie bereits erwähnt, im Erdgeschoss Panzerglas[143], was zur Folge hatte, dass der Schuss Rohwedder tödlich treffen konnte.

Der Fall galt – wie der Fall Herrhausen – lange Zeit als ungeklärt, aber ähnlich wie im Fall Kennedy wurde durch die Ermittler festgestellt, dass ein bereits Toter der Mörder war. In diesem Fall der RAF-Terrorist Wolfgang Grams, der bereits 1993 auf den Gleisen in Bad Kleinen starb. Jedoch wurde er erst 2001 aufgrund einer Haaranalyse als angeblicher Täter identifiziert. Die Vergleichshaare stammen angeblich vom Rohwedder-Tatort, wo 1991 vom Täter ein Handtuch und ein Stuhl zurückgelassen worden waren.

Mit dem Tod Rohwedders war jetzt der Weg frei für Birgit Breuel, die einer alten und großen Bankiersfamilie entstammt und bereits in der Vergangenheit sehr enge langjährige Beziehungen zum amerikanischen Investmentbanking unterhielt. Im Interesse der internationalen Investmentbanken von Goldman Sachs, Warburg, J. P. Morgan, First Boston usw. wurde das unrühmliche Kapitel „Treuhand" und der Ausverkauf Ostdeutschlands durch Birgit Breuel geschrieben[144].

Nach der Ermordung von Treuhandchef Rohwedder im April 1991, dessen wirtschaftliches Denken dem Herrhausens ähnelte, war in den neuen Bundesländern, ganz im Interesse der Hochfinanz, eine radikale Deindustrialisierung zu beobachten. Wirtschaftlicher Kahlschlag für die neuen Bundesländer, Maastricht-Vertrag, Stabilitätspakt, Euro statt D-Mark waren die Folge. Dies wäre unter dem Einfluss von Herrhausen und Rohwedder undenkbar gewesen.

DER FALL ALFRED HERRHAUSEN

„Wir müssen das, was wir denken, auch sagen.
Wir müssen das, was wir sagen, auch tun.
Und wir müssen das, was wir tun, dann auch sein."

Alfred Herrhausen, dt. Bankier (1930-1989)

Glaubt man den offiziellen Medien, so wurde Alfred Herrhausen (1930-1989) das Opfer der dritten Generation der RAF. Wie so häufig wird nichts über die globalen Hintergründe der Ermordung Herrhausens berichtet und das aus gutem Grund. Um jedoch die wahren Hintergründe zu erkennen, ist es notwendig, sich ein umfassendes Bild der damaligen Situation zu verschaffen.

Das letzte Interview, nur wenige Tage vor Herrhausens Tod, das er dem ‚Wallstreet Journal' gab und in welchem er seine Pläne über den Wiederaufbau Ostdeutschlands darlegte, steht höchstwahrscheinlich im unmittelbaren Zusammenhang mit seiner Ermordung, denn dort sprach er von einem teilweisen Schuldenerlass für Entwicklungsländer auf einer Tagung der Weltbank.[145] Außerdem strebte er an, in nur einem Jahrzehnt sollte Deutschland in Europas fortschrittlichste Industrienation verwandelt werden. Nur Wenigen ist bekannt, dass Herrhausen Ambitionen hatte, unabhängig vom IWF, Polen wirtschaftlich zu entwickeln.[146] Und das muss wie eine Kampfansage in den Ohren der Wall-Street-Banker und der Londoner City geklungen haben. Damit hat sich Alfred Herrhausen mächtige, sehr mächtige Feinde gemacht.

Er war der engste Berater von Helmut Kohl und maßgeblich an seinem 10-Punkte-Programm[147] beteiligt[148], was, wenn es tatsächlich umgesetzt worden wäre, zu den blühenden Landschaften in Ostdeutschland geführt hätte, die Kohl damals den Bürgern versprach. Die Alliierten, die offiziell als unsere Freunde angesehen werden, sahen das aber etwas anders: Außenminister Schewardnadse bezeichnete diesen 10-Punkte-Plan später als „mit gefährlichen Konsequenzen" befrachtet.[149] Die USA unter George Bush sen. betrachteten diesen Plan als „Anstachelung zur Wiedervereinigung" und beurteilten die Lage derart, dass der Kanzler damit die Handlungsinitiative ergriffen hätte und diese nunmehr von amerikanischer Seite gebremst werden müsste.[150]

Mit dem Thema Schuldenerlass stand Herrhausen nicht allein da.

104

Erwähnenswert ist, dass unter seinen Vorstandskollegen, Werner Blessing, sozusagen der Vorgänger Herrhausens, diese Position innerhalb des Vorstands der Deutschen Bank ebenfalls vertrat.

Blessing veröffentlichte seine Vorstellungen in dem Buch „Die internationale Verschuldungskrise – Ursachen, Auswirkungen, Lösungsperspektiven". Dieses Buch beinhaltet diverse Vorträge von unterschiedlichsten Referenten des V. Malenter Symposiums. Außerdem hatte er angekündigt, er wolle sich mit der Deutschen Bank wesentlich stärker in den USA engagieren. Innerhalb der Deutschen Bank war Blessing zuständiges Vorstandsmitglied für Nordamerika.

Leider konnte **Werner Blessing** (56) seine Visionen und Vorstellungen nicht in die Tat umsetzen, da er völlig überraschend, während eines Urlaubs, an einem Herzinfarkt starb.[151]

Zurück zu Herrhausen.

Er war ein Mann mit Charisma und als Chef der Deutschen Bank hatte er auch die Macht, Projekte dieser Größenordnung umzusetzen. Mit der Deutschen Bank im Rücken plante er beispielsweise schon 1989 die Übernahme der britischen Bank Morgan Grenfell[152], lange vor den üblichen Übernahmen im Bankensektor.[153]

Sein Traum endete jedoch am 30.11.1989, indem den Bürgern durch die Medien und die Politik weisgemacht wurde, dass RAF-Terroristen in der Lage gewesen sein sollen, wohlgemerkt, bei einer der damals bestbewachten Personen Deutschlands, dieses Attentat zu verüben. Die Umgebung seines Wohnortes wurde ständig von Polizeistreifen und mobilen Einsatzkommandos observiert. Trotzdem soll es den Tätern gelungen sein, unbemerkt die Straße aufzugraben, ein Kabel zu verlegen und danach die Asphaltdecke wieder zu schließen. Am Tage des Anschlags brachten die Täter dann sogar noch eine Lichtschranke am Tatort an und montierten die Bombe auf ein Fahrrad, welches sie ebenfalls zum Tatort brachten.

Die Lichtschranke war so konzipiert, dass die Bombe bei dem ersten durchfahrenden Auto explodiert. Da sich Herrhausens Konvoi aber immer aus drei Fahrzeugen zusammensetzte, wurde „überraschend" und ganz im Sinne der RAF, das vorausfahrende Fahrzeug kurzfristig abgezogen, so dass Herrhausens Fahrzeug voraus fahren musste, die Bombe auslöste und Alfred Herrhausen dadurch den Tod fand.[154]

Des Weiteren handelte es sich um eine sogenannte „Hochladungs-Bombe", die panzerbrechend konzipiert wurde und zu den militärischen Sprengstoffen gehört. Die Explosion bewirkte, dass die Druckwellen, nicht wie sonst üblich, nach allen Seiten abgingen, sondern gebündelt auf das Fahrzeug ausgerichtet wurden. Sowohl der Bau dieser Bombe als auch das detaillierte Wissen um die Schwachstellen der gepanzerten Mercedes-Benz-Limousine, war lediglich einem kleinen Kreis von Fachleuten bekannt.[155] Nachdem die RAF-Täter-Story über die Medien im Bewusstsein der Menschen verankert wurde, war endlich – wie so häufig in solchen Fällen - ein Schuldiger gefunden, in diesem Fall ein Phantom, nämlich die RAF der dritten Generation.

Dieses Ereignis jedoch führte zu großer Erleichterung innerhalb der internationalen Hochfinanz, da Herrhausen mit seinen Plänen gegen die ungeschriebenen Gesetze der Londoner und New Yorker monetaristischen Machtgruppen verstoßen hatte.

Darüber hinaus bleibt seine Rede im Dunkeln, die er eine Woche nach seiner Ermordung am 04.12.1989 in New York vor dem „American Council of Germany" halten wollte. So die Aussage des ehemaligen Pentagon-Mitarbeiters Oberst Fletcher Prouty, der in einem Interview mit der italienischen Zeitung Unita, den Grund für die Ermordung Herrhausens in dieser elfseitigen Rede sah, in der Herrhausen seine Visionen darlegen wollte und die den Lauf der Geschichte nach 1989 auf dramatische Weise verändert hätten.[156]

Interessant dabei ist, dass über all diese Themen und Visionen auf dem V. Malenter Symposium referiert wurde. Circa sieben Wochen nach dem angeblichen Herzinfarkt Blessings, am 11.10.1987, starb ebenfalls plötzlich ein weiterer Referent des Symposiums und Autor eines Aufsatzes „Die internationale Verschuldungskrise aus Sicht der Bundesrepublik Deutschland", der ebenfalls in Blessings Buch veröffentlicht wurde:

Uwe Barschel, Ministerpräsident (Schleswig-Holstein)

DER MYSTERIÖSE TOD DES UWE BARSCHEL

„Was jedermann für ausgemacht hält,
verdient am meisten untersucht zu werden. "

Georg Christoph Lichtenberg (1742-1799)

In den Medien und von offizieller Seite hält sich bis heute noch hartnäckig die These, Uwe Barschel, geboren 1944, habe in der Nacht vom 10. auf den 11. Oktober 1987 Selbstmord begangen. Da aber von Anfang an diverse Ungereimtheiten vorhanden waren und Zweifel aufkamen, gab es immer wieder mutige Autoren, die den ungeklärten Fragen nachgingen und die zu der Erkenntnis kamen, dass es Mord gewesen sein muss.

Uwe Barschel galt als engster Vertrauter Helmut Kohls und nicht wenige attestierten ihm, dem karrierehungrigen Emporkömmling, Helmut Kohl eines Tages zu beerben. Die Bilder der Sternreporter, vom toten Uwe Barschel in der Badewanne, gingen um die Welt. Es waren die einzigen Tatortfotos, die zu dieser Zeit veröffentlicht wurden. Durch die Veröffentlichung der Bilder in schwarz-weiß kamen auch augenscheinlich für den Interessierten keine Zweifel an der dargestellten Selbstmordthese auf.[157]

Die Frage, warum in einer Zeit, in der Farbfotos zum Standard gehörten, der ‚Stern' Schwarz-Weiß-Fotos veröffentlichte, haben sich wohl die Wenigsten gestellt. Wären die Farbfotos der Gerichtsmedizin des toten Barschel damals schon veröffentlicht worden, dann wären diverse Hämatome und Schnittwunden an Stirn, Nase, Kinn und Wange unübersehbar gewesen.[158] Während der Obduktion wurde beispielsweise festgestellt, dass ihm das Hämatom an der Stirn nachweislich vor dem Tod zugefügt wurde.

Als am 24.10.1987 eine weitere Obduktion von der Hamburger Uniklinik an der Leiche Barschels vorgenommen wurde (Barschels Frau hatte das verlangt), stellten die Ärzte fest, dass - unüblicherweise - Barschels Herz, Gehirn und Schilddrüse fehlten[159].

Selbst die Staatssicherheit in der ehemaligen DDR war zeitnah im Besitz des ersten Obduktionsberichtes.

Der führenden Toxikologe Dr. Walter Katzung kam im Gegensatz zu den Vertretern der Bundesrepublik, die auf Selbstmord beharrten, bereits damals zu dem Schluss, dass Barschel ermordet wurde.[160]

Vieles spricht dafür, dass es in der besagten Nacht im Zimmer 317 des Beau-Rivage-Hotels in Genf zu einer heftigen Auseinandersetzung gekommen war. Skepsis hätte bei den Ermittlern schon dadurch aufkommen müssen, dass der tote Barschel noch in der Badewanne Portemonnaie, Bargeld, Schlüssel sowie Kreditkarten in der Hosentasche trug. Außerdem war ein Hemdknopf abgerissen, und der Schlips fehlte ebenfalls. Besonders interessant ist die Tatsache, dass ein Schuh zugeschnürt vor der Zwischentür zum Zimmer lag, wohingegen sich der andere durchnässt und geöffnet vor der Badewanne befand.

Auf dem Badvorleger waren Schleifspuren und ein Fußabdruck, der nicht von Barschel stammte.[161] Die Rotweinflasche, die Barschel beim Zimmerservice bestellt hatte, wurde nie gefunden.

Die Tatsache, dass keine Fingerabdrücke gesichert werden konnten (nicht einmal die von Barschel), lässt vermuten, dass die Gegenstände sorgfältig abgewischt wurden.[162] Sollte es Barschel selbst gewesen sein, dann wäre er der erste Selbstmörder, der vor seinem Suizid noch alle Fingerabdrücke beseitigt hätte.

Ferner fand man ein Whisky-Fläschchen aus der Minibar, indem Reste des in Beruhigungsmitteln verwendeten Wirkstoffes Diphenhydramin nachgewiesen werden konnten, obwohl es von irgendjemandem mit Wasser ausgespült wurde. Diese Substanz fand sich auch in Barschels Leichnam.[163]

Warum sollte Barschel sich auf so umständliche Art und Weise das Beruhigungsmittel zuführen, indem er mit einer Pipette das Fläschchen befüllt und dieses dann hinterher auch noch ausspült.

Nirgendwo in seinem Hotelzimmer waren Verpackungen von den diversen Medikamenten, die schließlich zu seinem Tod führten, zu finden.[164]

Im Sommer 2011 kam wieder Bewegung in den Fall. Ein Haar, welches seinerzeit auf Barschels Hotelbett sichergestellt wurde, sollte einer DNS-Analyse unterzogen werden. Als es im Landeskriminalamt in Kiel auf DNS-Spuren untersucht werden sollte, wurde festgestellt, dass das Haar aus der Asservatentüte spurlos verschwunden war.[165]

Wer könnte ein Interesse an Barschels Tod gehabt haben?

Kurz vor seinem Tod, nachdem er durch die gegen ihn gezielt inszenierte Medienkampagne in die Enge getrieben worden war, sagte Barschel engen Vertrauten, dass er „auspacken" wolle.[166] Was Barschel zu diesem Zeitpunkt nicht wusste, war, dass er damit sein Todesurteil fällte. Einige Regierungen und prominente Persönlichkeiten wären so wahrscheinlich in schwere Bedrängnis geraten.

Fakt ist, dass selbst nach Aussage des leitenden Oberstaatsanwalts in Lübeck und Chefermittlers von 1994 bis 1998, Heinrich Wille, Barschel ermordet wurde.

Einer der wichtigsten Gutachter im Fall Barschel ist der Schweizer Toxikologe Professor Hans Brandenberger. Er kam ebenfalls aufgrund seiner Analysen zu dem Schluss, dass Barschel ermordet wurde.[167] Mehr noch, die chemischen Analysedaten stimmen bis ins Detail mit der von dem Autor Victor Ostrovsky in seinem Buch „Geheimakte Mossad" beschriebenen Version der Tötung Barschels überein[168]. Insbesondere die rektale Zufuhr von Beruhungsmitteln und die strategisch angewandte und zeitlich versetzte Verabreichung von Medikamenten spiegelten sich genau im chemischen Befund wider.[169]

Der frühere Chefermittler im Fall Barschel, Heinrich Wille, sieht nun den Fall erhärtet, dass der ehemalige Ministerpräsident von einem professionellen Killerkommando getötet wurde. „Ich bin immer davon ausgegangen, dass die Schilderungen von Ostrovsky einen wahren Kern haben können.[170]

Heinrich Wille schrieb bereits 2007 in seinem Buch „Ein Mord, der keiner sein durfte", über seine Ermittlungserkenntnisse. Die Publikation seines Buches wurde ihm aber durch die schleswig-holsteinische Oberstaatsanwaltschaft untersagt. Es mussten ganze vier Jahre vergehen, bis die Leser einen genauen Bericht über die Behinderungen der Untersuchung sowie die Vorenthaltung von Beweismitteln, seitens diverser Behörden, und die Einmischung der Politik zu lesen bekamen.

Viele Experten kamen mittlerweile zu dem Schluss, dass Uwe Barschel, damaliger Ministerpräsident von Schleswig-Holstein, von illegalen Waffengeschäften wusste, die über die Kieler Bucht abgewickelt wurden. Damals verkauften die USA heimlich Waffen an ihren Erzfeind Iran, dieser Deal wurde nachweislich bei Treffen auf deutschem Boden ausgehandelt.[171] Ferner wurde laut Aussage des ehemaligen Mossad-Agenten Ostrovsky ebenfalls ein illegaler Waffenhandel zwischen Israel und dem Iran betrieben, wobei Kiel als heimliche Schleuse und der deutsche Geheimdienst als Strohmann fungierte.

Der BND fragte damals bei Barschel um Erlaubnis an, die Häfen in Schleswig-Holstein für die Überführung der Waffen in den Iran benutzen zu dürfen. Barschel lehnte dies ab und versuchte die widerrechtlichen Aktivitäten zu stoppen, so Ostrovsky in seinem Buch „Geheimakte Mossad". In diesem Zusammenhang wurde häufig in den Medien spekuliert, ob der israelische Geheimdienst Mossad in den Fall verwickelt war.[172]

Genauso unerklärlich und mysteriös bleiben bis heute rätselhafte Zwischenfälle, die die Ermittlungen immer wieder ins Stocken brachten. So wurde beispielsweise Innenstaatssekretär **Dr. Hans-Joachim Knack**, der am 09.11.1987 vor dem parlamentarischen Untersuchungsausschuss seine Aussage machen sollte, tot aufgefunden. Eine Obduktion fand jedoch nicht statt.[173] Wichtige Zeugen starben unter ungeklärten Umständen, erlitten plötzliche Herzattacken oder fielen aus dem Fenster, sogar Archive brannten ohne ersichtliche Ursache aus.

Ein wichtiger Zeuge für die Lübecker Staatsanwaltschaft war der Schweizer Privatdetektiv **Jean-Jacques Griessen**, der für den deutschen Top-Agenten Werner Mauss arbeitete. Griessen hatte angegeben, im Auftrage von Mauss mehrere Zimmer im Beau-Rivage mit Wanzen und Kameras präpariert zu haben. Zur Befragung bei den Lübecker Ermittlern kam es jedoch nicht mehr. Dazu hieß es im Gesamtbericht: „Griessen konnte nicht mehr befragt werden, da er am 09.11.1992 in Zürich während eines Aufenthalts bei einer Prostituierten an einem Herzversagen verstorben ist."[174]

Ein ebenfalls hochkarätiger Zeuge, der südafrikanische Waffenhändler **Dirk Stoffberg**, hatte einen Entwurf einer eidesstattlichen Versicherung abgegeben, in der er davon sprach, dass Barschel von dem späteren CIA-Direktor und heutigen amerikanischen Verteidigungsminister Robert Gates nach Genf bestellt worden war. Diese eidesstattliche Erklärung konnte er allerdings nicht mehr abgeben, denn auch er starb kurz zuvor. Nach offizieller Version beging er zusammen mit seiner Freundin Selbstmord. Der Eindruck kam auf, dass von Regierungsseite kein Interesse an der Aufklärung bestand.

Der Fall Barschel ist keineswegs ein Einzelfall, bei dem die Ermittlungen bewusst erschwert oder gar unmöglich gemacht wurden.

So zum Beispiel auch der Fall des 1977 ermordeten Generalbundesanwalts Siegfried Buback, der in letzter Zeit wieder für Schlagzeilen sorgte, da der Prozess auf Initiative des Sohnes, Michael Buback, wieder aufgenommen wurde.

Die Wahrheitsfindung wurde jedoch dadurch erschwert, dass der ehemalige Bundesinnenminister Wolfgang Schäuble Teile der brisanten Unterlagen vor Prozessbeginn für 30 Jahre sperren ließ - bis zum Jahre 2041.[175]

Ihre Freigabe gefährde das Wohl des Bundes oder eines deutschen Landes, so erklärte dies die Behörde. Sollten die Gründe hierfür darin liegen, dass man eine allzu enge Verbindung der Verfassungsschützer zu Führungsfiguren der RAF zu vertuschen suchte?

Sowohl das Tatmotorrad als auch der Fluchtwagen sind nicht mehr auffindbar. Selbst der Dienstwagen von Siegfried Buback ist verschwunden. Unverständlich bleibt auch, dass die Akten, wie die Verfassungsschutzakte in der Bundesanwaltschaft, nicht mehr vorliegen.[176]

Auch nach Jahrzehnten treten immer wieder ähnliche Fälle auf, in denen Akten von den Verfassungsschützern an die Bundesanwaltschaft übergeben werden sollen, aber kurz vorher wie zufällig vernichtet werden. Gleiches gilt für Täter, die nicht mehr aussagen können, da sie Selbstmord begangen haben sollen, wie es unlängst im Fall der Morde im Zusammenhang mit dem Nationalsozialistischen Untergrund (NSU) wieder geschehen ist.

DER FALL – MÖLLEMANN

„Ich weiß, daß manche bei meinen Sprüngen nur so lange geklatscht haben, wie der Fallschirm noch zu war."

Jürgen Möllemann (1945-2003)

Wenn man die Medienberichterstattung im Jahr 2003 verfolgt hat, hätte man den Eindruck gewinnen können, Jürgen Möllemann sei zum Staatsfeind Nr. 1 avanciert. Tatsächlich wurden ihm Steuerhinterziehung und Verstoß gegen das Parteienfinanzierungsgesetz vorgeworfen, also Dinge, die in Politikerkreisen Gang und Gäbe sind. Also stellt sich die Frage, was hat Jürgen Möllemann tatsächlich getan, um die deutsche Politlandschaft und die Medien gegen sich aufzubringen.

Tatsache ist, dass Möllemann zum damaligen Zeitpunkt Vorsitzender der Deutsch-Arabischen Gesellschaft war und durch ein Israel-kritisches Merkblatt für großes Aufsehen sorgte. Er beging einen Tabubruch, in dem er Israel als Terrorstaat bezeichnete und gleichzeitig Verständnis für die Palästinenser zum Ausdruck brachte.

Außerdem legte er sich mit dem Zentralrat der Juden in Deutschland an, indem er Michel Friedman Schuld an dem zunehmenden Antisemitismus in Deutschland gab und diesen in einem Interview als gehässig bezeichnete. Damit hat er ein ungeschriebenes Gesetz gebrochen. Möllemann wusste ganz genau um seine Situation. In seinem Buch „Klartext", welches damals der Stern auszugsweise veröffentlichte, bezieht sich Möllemann unter anderem auf den Israelbesuch Westerwelles im Mai 2002.

„Beim Warten auf eine Audienz bei Ministerpräsident Ariel Scharon habe ein "Mann ohne Namen" dem Parteivorsitzenden in unmissverständlichen Worten knallhart gesagt, dass die israelische Regierung meinen politischen Kopf verlange"[177] Ferner sprach er in diesem Zusammenhang davon, dass Westerwelle durch den israelischen Geheimdienst Mossad erpresst wurde.

Möllemann wirft die Frage auf, was der Geheimdienst gegen Westerwelle in der Hand habe, "das ihn mit Entsetzen, Furcht und Schrecken erfüllt", und antwortet darauf: "Man muss nicht selbst Chef eines Geheimdienstes gewesen sein, um zu wissen, wie gnadenlos diese Dienste auch das Wissen um die privatesten Dinge einsetzen, wenn es geboten erscheint."[178]

Der Stern zitierte weiter: „Am Abend des 23. November klingelte dann Jörgens´ (Stern-Redakteur) Handy. Möllemann ist dran. Man solle die Bemerkung im Auto in Münster sehr ernst nehmen." Damals hatte er gesagt, dass Geheimdienste unberechenbar seien.[179]

Möllemann sagte mit schleppender Stimme „Es ist eine abstrakte Ahnung." Es stehe etwas Gefährliches bevor. „Wenn etwas Unvorhergesehenes passiert, sollte der Stern sich dieses Gesprächs erinnern.[180] Und in der Tat, das Unvorhersehbare ereignete sich am 05.06.2003, indem nicht nur Möllemanns politischer Stern erlosch, sondern auch sein Leben, da sich sein Fallschirm nach dem Absprung aus großer Höhe nicht öffnete.

Wie so häufig in diesen Fällen stand mit Suizid die Todesursache fest. Und dem Fernsehkonsumenten wurde der Eindruck vermittelt, dass nach allem, was Möllemann verbrochen hat, nur ein Selbstmord in Frage kommen konnte.

Am Sonntagabend vor seinem Tod erklärte Möllemann live bei Sabine Christiansen, dass er über die Gründung einer neuen Partei nachdenke. Dies hat Möllemann auch in seinem Buch in Aussicht gestellt. "Deutschland braucht eine neue Politik. Und wenn es erforderlich ist, auch eine neue Partei", schrieb er. „Aber eine, die nicht wieder so wird wie die anderen. Eine Partei, die weder rechts noch links ist." Es sei „höchste Zeit, den Bürgern zu sagen: Ihr seid das Volk! Steht auf! Schließt euch zusammen und zeigt den Politikern die rote Karte! Wenn es die Parteien nicht tun, weil sie mit den Interessengruppen unter einer Decke stecken und immer nur reden statt zu handeln, müsst ihr euch etwas ganz Neues einfallen lassen. Und dann will ich einer von euch sein."[181]

Möllemann plante, seine neue Bürgerbewegung im Mai 2004 zu gründen.

Gegenüber seinen engsten Weggefährten habe er damals betont, nicht noch länger warten zu können, da sonst der Protestschwung weg sei. Die Bewährungsprobe für die neue Partei würden die Landtagswahlen in Thüringen, Sachsen und Brandenburg 2004 sein.

Die Wahrscheinlichkeit, dass gesamte Kreisverbände der FDP in Möllemanns neue Partei übertreten, war sehr hoch.[182] Das hätte die gesamte politische Landschaft in Deutschland verändert, da man unter vorgehaltener Hand in diesem Fall davon ausgegangen wäre, dass diese Partei bei einer Bundestagswahl bis zu 15 % erreichen könnte.

Demnach ging nicht nur nach dem plötzlichen Tod Möllemanns eine Erleichterung durch die FDP-Führungsetage, sondern auch durch die der anderen Parteien.

Bei genauerem Hinsehen gibt es Parallelen zwischen den Fällen Möllemann und Barschel. Barschel stürzte am 31. Mai 1987, in dem Jahr, welches sein letztes sein sollte, mit einer Cessna beim Landeanflug auf den Flughafen Lübeck ab.[183] Wie durch ein Wunder überlebte er den Absturz als Einziger.

Am 16.08.2002, ca. 4 Wochen vor der Bundestagswahl 2002, ereignete sich ein Zwischenfall bei einem Fallschirmsprung Möllemanns. Der Hauptschirm des Politikers riss aus heiterem Himmel, und nur der Ersatzschirm rettete sein Leben. Der Fall wurde damals nicht näher untersucht.

Auch war eine junge Fallschirm-Kameradin Möllemanns in Münster ums Leben gekommen, da ihr Schirm sich nicht öffnete. Brisant daran ist, dass der Schirm der jungen Frau dem von Möllemann zum Verwechseln ähnelte.[184] In diesem Fall ermittelte die Mordkommission, die feststellte, dass der Hauptschirm verdreht war und das Stahlseil des Reserveschirms durchtrennt wurde. Außerdem hatte der Mörder die automatische Sicherheitsvorkehrung für die Öffnung des Reserveschirms fachmännisch zerstört.

Nachdem die Todesursache Möllemanns für alle feststand, schlugen die Ermittler plötzlich ungewöhnlich milde Töne an. Die Staatsanwaltschaft Münster und die Anwältin Möllemanns, Annette Marberth-Kubicki, sprachen, kurz vor Möllemanns Tod habe es einvernehmliche Gespräche über die Beendigung des Ermittlungsverfahrens mit der Justiz gegeben.[185]

Der unbequeme Jürgen Möllemann agierte wie ein Hecht im Karpfenteich. Sollte sein Tod kein Freitod gewesen sein, so könnte es den Anschein haben, dass hier ein Zeichen für diejenigen gesetzt wurde, die ebenfalls über Tabubrüche in der Politik nachdachten.

BRÜSSEL UND DIE MYSTERIÖSEN TODESFÄLLE

„Unsichtbar wird der Wahnsinn, wenn er genügend große Ausmaße angenommen hat."

Berthold Brecht (1898 – 1956)

Brüssel gilt offiziell als Zentrum der europäischen Politik, das richtungsweisende Vorschriften erlässt, von denen die Bürger Europas betroffen sind. In den neunziger Jahren kam es dort zu Ereignissen, die den damaligen Rücktritt der EU-Kommission wegen Korruption und Vetternwirtschaft in den Schatten stellten und an Grausamkeit kaum zu überbieten sind. Zu dieser Zeit haben sich in Brüssel und Umgebung grauenhafte Szenen abgespielt. Sozusagen vor den Augen der Brüsseler Bürokraten wurden Kinder entführt, vergewaltigt, gefoltert und ermordet.

Allgemein wurde dies mit dem Namen „Dutroux"[186] in Verbindung gebracht. Er selbst behauptete, lediglich ein Handlanger gewesen zu sein, der für andere Personen arbeitete, die teilweise „höchste Protektion von ganz oben" genießen würden. Es stellte sich jedoch aufgrund diverser Zeugenaussagen sehr schnell heraus, dass wahrscheinlich Politiker bis in oberste Regierungskreise darin verwickelt waren. Die ZDF-Reportage „Die Spur der Kinderschänder - Dutroux und die toten Zeugen"[187], deckte auf, dass es zu diversen Ermittlungspannen kam, in deren Folge 27 potentielle Zeugen, die im Prozess aussagen wollten, auf mysteriöse Art und Weise ums Leben kamen, wie z.B. **Ex-Staatsanwalt Hubert Massa**. Massa war leitender Staatsanwalt und sollte als oberster Ankläger Licht in das finsterste Kapitel Belgiens bringen. Er bereitete den Prozess gegen den Kinderschänder Dutroux vor, der in Belgien offiziell als Einzeltäter galt, obwohl lange von Verstrickungen bis in die höchsten Kreise der Macht die Rede war.[188]

Seine Ermittlungsarbeit endete jedoch abrupt im Juli 1999, als er sich angeblich das Leben genommen haben soll. Als Folge daraus wurde die gerichtliche Aufarbeitung massiv erschwert. Kritische Beobachter fanden es sehr auffällig, dass Massa Stunden vor seinem Selbstmord eine Unterredung im Kabinett des belgischen Justizministers Marc Verwilghen[189] hatte. Keine 48 Stunden, nachdem er sich angeblich selbst erschossen haben soll, wurde Massa, ohne obduziert zu werden, bereits zu Grabe getragen.[190] Massa sollte allerdings kein Einzelfall bleiben.

Inspektor Gregory Antipine, von der Polizei in Brüssel, der in die Ermittlungen eingebunden war, fand man im August 1999 erhängt an einer Treppe. Todesursache? Wie sollte es anders sein? Natürlich Selbstmord.[191]

Die Bandbreite der verstorbenen Zeugen reichen von
- erschlagen
- erschossen
- erstochen
- verbrannt
- verunglückt
bis zum angeblichen Selbstmord.

„Als der erste Untersuchungsrichter Jean-Marc Connerotte, kurz nach der Festnahme von Dutroux alle Belgier aufforderte, alles, was sie über einschlägige Verbrechen an Kindern wüssten, mitzuteilen, brach eine Lawine von Informationen über die Ermittler herein. Darunter waren auch Aussagen von mehreren jungen Frauen, die Unglaubliches zu Protokoll gaben: Sie wüssten von Sex-Partys in den frühen achtziger Jahren in den besten Kreisen, bei denen Kinder gefoltert und getötet worden seien."[192]

Ferner gab es Aussagen, dass man auch Dutroux gesehen habe. Darüber hinaus sollen Bücher kursieren, in denen auch der König Belgiens, Albert II, zu den Besuchern von Sex-Partys genannt wurde. „Ein Buch schlägt noch vor seiner Veröffentlichung in Frankreich und Belgien hohe Wellen". schrieb die ‚Welt': "Akte Pädophilie - Der Skandal der Dutroux-Affäre"[193] heißt das Werk des renommierten Luxemburger Enthüllungsjournalisten Jean Nicolas. In dem Buch wird der ungeheuerliche Vorwurf erhoben, König Albert II., König der Belgier, sei Anfang der 80er-Jahre Gast auf Sex-Partys gewesen, bei denen Kinder missbraucht wurden[194].

Nach dem Aufruf von Jean-Marc Connerotte an die Bevölkerung sahen sich Zeugen animiert, ihr Schweigen zu brechen.

Nur leider kam es nicht zu den erhofften Aussagen, da die meisten Zeugen plötzlich und unerwartet starben. Einer von ihnen war der ermittelnde Polizist **Simon Poncelet**. Er wurde nachts im Gebäude der Gerichtspolizei mit vier Kugeln aus nächster Nähe erschossen.[195]

Der Zeuge **Francois Reyskens** war unterwegs nach Seraing, da er an diesem Tag dort einen wichtigen Termin hatte. Die Gendarmerie wollte von ihm hören, was er über das verschwundene Mädchen Melissa wusste. Er kam jedoch nie dort an. Bahnarbeiter fanden seine Leiche neben den Gleisen. Als Todesursache wurde angegeben, dass er von einem Zug überfahren wurde.[196]

Ein Restaurantbesitzer, der gelegentlich Dutroux und seine Gehilfen bekochte, wollte den Vater eines der ermordeten Mädchen treffen. Er hatte angedeutet, wichtige Informationen bekommen zu haben. Aus dem Treffen wurde jedoch nichts, denn er wurde vorher auf einem Parkplatz erschossen.[197]

Gina Pardaens war Sozialarbeiterin und betreute Opfer eines Kinderpornorings. Die Kinder, die sie betreute, sollen mit ihr über Männer gesprochen haben, die sie im Fernsehen wieder erkannt haben. Auch sie konnte ihre Aussage nicht machen, denn sie starb bei einem Autounfall, nachdem ihr Wagen gerammt wurde.[198]

Auffällig war, dass ein Großteil der Zeugen, die per Telefon bekannt gaben, Aussagen im Fall Dutroux machen zu wollen, teilweise nur Stunden danach auf mysteriöse Art und Weise ums Leben kamen. Das ist allerdings nur machbar, wenn flächendeckend abgehört und überwacht wird. Dazu wiederum sind in der Regel nur Geheimdienste oder andere staatliche Organe in der Lage.

Neben diversen Toten gab es aber auch unzählige Ermittlungspannen. Aus dem Auto eines Brüsseler Polizisten wurden beispielsweise drei Mappen gestohlen, sie enthielten die Akten über die Dutroux-Affäre.[199]

Ferner hatte ein Polizist, die bei einem wichtigen Verdächtigten beschlagnahmte Kassette, durch Zufall verloren.[200]

Der Mann, der viel Vertrauen in der Bevölkerung genoss, war der Untersuchungsrichter Jean Marc Connerotte. Er wurde auf höchste Weisung hin von seinen Untersuchungen im Fall Dutroux wegen Befangenheit entbunden.[201] Die französische ‚Le Soir' schrieb – der wahre Grund ist wahrscheinlich der, dass er nicht bereit war, die Vorladungen hoher amerikanischer Diplomaten, leitender Regierungsbeamter und Schlüsselfiguren ähnlicher Missbrauchsskandale in Establishmentkreisen der Niederlande und Portugal zurückzuziehen.[202]

Man müsste denken, dass das Trauma für die Eltern der ermordeten Kinder nach all den Jahren ein Ende gefunden hätte, aber es geht weiter: Sieben Jahre nach ihrer Verurteilung wurde die Komplizin und Ex-Frau des belgischen Kinderschänders Marc Dutroux, Michelle Martin, nach rund 15 Jahren Haft, am 28.08.2012, vorzeitig entlassen.[203]

Die Frage stellt sich: Wer hat die Macht, solche Verbrechen zu decken und die Ermittlungen so massiv zu blockieren? Die Personen, von denen Dutroux sprach, die „höchste Protektion von ganz oben" genießen, sind höchstwahrscheinlich in der Justiz, den Geheimdiensten, im Parlament und in den Königshäusern zu suchen.

WER REGIERT EIGENTLICH DIE WELT?

Wie wir am Fall Dutroux festgestellt haben, stehen höchstwahrscheinlich mächtige Personen und Organisationen dahinter. Ihre Macht ist so groß, dass sie weder angezeigt noch angeklagt werden, weil sie über dem Gesetz stehen.

Man sagt ihnen nach, dass sie im Geheimen agieren und ihre Organisationen seit Jahrhunderten die Geschicke dieser Welt lenken.

DIE GRÜNDUNG DER ILLUMINATEN

„Die Welt wird von ganz anderen Personen regiert als diejenigen es sich vorstellen, die nicht hinter den Kulissen stehen."

Benjamin Disraeli: Coningsby, 1844

Über die neue Weltordnung und die damit verbundenen Ziele gibt es viele Spekulationen. Die wahrscheinlichste führt in das Jahr 1776 und zwar nach Ingolstadt in Deutschland. Der Plan der hinter der neuen Weltordnung steht ist sehr alt, entworfen wurde er vom Orden der Illuminaten. Der Name „Illuminati" bedeutet soviel wie „die Erleuchteten".

Dieser Orden wurde am 1. Mai 1776 in Ingolstadt von Adam Weishaupt in enger Zusammenarbeit mit den führenden Köpfen der Rothschild-Familie gegründet. Meyer Amschel Rothschild sagte bereits damals: "Gebt mir die Kontrolle über das Geld einer Nation! Dann ist es mir egal, wer die Gesetze macht!" Und Heinrich Heine, der große Philosoph und Poet sagte im März 1841: „Geld ist der Gott unserer Zeit und Rothschild ist sein Prophet."

Das erklärte Ziel des Illuminati-Ordens war die Errichtung einer neuen Weltordnung - in Verbindung mit einer Weltregierung. Ihr Anspruch war, nur die führenden und einflussreichsten Köpfe in ihre Organisation aufzunehmen, um im Geheimen zu arbeiten. Die bayerischen Illuminaten verstanden es über viele Jahre geschickt, Organisationen wie bspw. die Freimaurer, Rosenkreuzer, u.a. zu unterwandern und für ihre Zwecke zu nutzen.

Im Jahre 1785 ereignete sich jedoch ein merkwürdiger Unfall. Ein Kurier der Illuminaten wurde auf seinem Ritt von Frankfurt/Main nach Paris vom Blitz erschlagen. Der Kurier trug sehr wichtige Dokumente bei sich, die für den Großmeister der Großloge von Frankreich, in Paris bestimmt waren. Durch dieses schicksalhafte Ereignis konnten höchst verschwörerische Dokumente von der Polizei sichergestellt werden, die diese umgehend an die bayerische Regierung weiterleitete. Die in den unversehrt gebliebenen Satteltaschen gefundenen Dokumente handelten von detailliert ausgearbeiteten Instruktionen für die geplante französische Revolution.

Ferner handelten sie davon, dass die Verschwörer auch globale Eingriffe im eigenen Interesse anstrebten.

Daraufhin ordnete der bayerische Kurfürst Karl Theodor von Bayern (1724-1799) am 11.10.1785 eine Razzia im Hause von Weishaupt, dem Illuminaten-Hauptquartier, an. Dort wurden Unmengen an "gefährlichen" Dokumenten entdeckt, die offenbarten, dass die Verschwörer Pläne zur Erlangung der Weltherrschaft hegten. Ferner belegten die Dokumente die Unterwanderung der Politik und das Ziel, die Monarchie abschaffen zu wollen. Daraufhin verbot der bayerische Kurfürst den Orden und setzte auf Weishaupts Kopf eine Belohnung aus. Vier Jahre später explodierte die Französische Revolution, die die ganze europäische Szenerie ins Wanken brachte.

Daraufhin war Adam Weishaupt gezwungen, unterzutauchen.

Alles was wir heute über die Anfänge der Illuminaten wissen, stammt aus dem aufsehenerregenden Buch aus dem Jahre 1797: Proofs of a Conspiracy („Beweise für eine Verschwörung"). Der Autor John Robinson[204] wurde durch Weishaupt in die Geheimnisse des Ordens eingeweiht und war dadurch in der Lage, detaillierte Informationen über den inneren Kreis und die Ziele der Illuminaten zu veröffentlichen.

Es schien so, als sei der Orden nun zusammengebrochen und das Ende der Illuminaten damit besiegelt. Die Ereignisse der kommenden Jahrzehnte sprachen jedoch eine andere Sprache. Die Handschrift der Illuminaten in der Politik und die geheimen Zusammenhänge konnte der, der über die Hintergründe genau Bescheid wusste, eindeutig erkennen.

Im 19. Jahrhundert gab es in den USA fortwährende Diskussionen um die Währungshoheit. Abraham Lincoln, 16. Präsident der Vereinigten Staaten, ließ zinsfreies Geld drucken, was den Banken, die auf dem amerikanischen Kontinent ihre Geschäfte abwickelten, nicht gefallen konnte, da sie selbst gültiges Geld in Form von Zahlungsversprechen ausgaben. Im April 1865 bezahlte **Abraham Lincoln** dafür mit seinem Leben, umgebracht, wie so oft in der Geschichte, von einem verrückten Einzeltäter.

Ein anderer, der sich mit den Mächten im Hintergrund anlegte, war **James A. Garfield**, 20. Präsident der Vereinigten Staaten.

Er befürwortete ein auf einem Bi-Metall-Standard (Gold UND Silber) basierendes Währungssystem. Zwei Wochen, vor seiner Ermordung am 19.09.1881, soll er gesagt haben: "Wer immer die Geldmenge in unserem Land kontrolliert, ist absoluter Herrscher über Industrie und Handel und wenn Sie sehen, dass das ganze System somit sehr leicht von einigen wenigen Mächtigen an der Spitze zu kontrollieren ist, dann muss man nicht erklären, wie Depression oder Inflation entstehen."

Ein großer Schritt zum Erreichen ihrer Ziele erfolgte 1913 mit der Gründung der FED (Federal Reserve Bank). Die Welt sollte unter Zuhilfenahme des Papiergeldsystems in eine neue Ordnung geführt werden. Die FED bekam das Recht, eigenes Geld auszugeben, welches gesetzliches Zahlungsmittel wurde und wofür anfangs noch die amerikanische Regierung garantieren musste. Der Goldstandard wurde fast ganz aufgehoben, um Geld aus Schulden nach einem raffinierten System zu erschaffen. Der Druck und die Herausgabe der Dollar-Noten erfolgten durch die FED.

Der Geldschein, der als Aushängeschild ihres Ordens dienen sollte, war die Ein-Dollar-Note, mit der die meisten bis heute etwas Mystisches verbinden.

DIE EIN-DOLLAR-NOTE - DIE VISITENKARTE DER ILLUMINATEN

„Durch ihre Unglaubhaftigkeit entzieht sich die Wahrheit dem Erkannt werden."

Heraklit von Ephesos (um 520 v. Chr. – um 460 v. Chr.)

Die Symbolik auf der Ein-Dollar-Note erschloss sich aber für viele erst vor einigen Jahren. Durch Filme wie „Illuminati" und entsprechende Dokumentationen zu diesem Thema wird bewusst durch die Medien versucht, die Menschen mal wieder auf die falsche Fährte zu locken. Das Eis, auf dem die „großen Architekten" ihre neue Weltordnung bauen, wird nämlich immer dünner. Jahrhunderte haben die Illuminaten das Denken der Menschen über die von ihnen kontrollierten Medien gelenkt.

Durch das Internet ist jetzt jedermann in der Lage, die wahren Hintergründe detailliert zu recherchieren, um sich so seine eigene Meinung bilden zu können. Das ist auch der Grund, warum massiv versucht wird, gegen das Internet vorzugehen.

Aber zurück zur Ein-Dollar-Note. So wie wir sie heute kennen, wurde sie im Jahre 1932 durch Präsident Franklin D. Roosevelt (führender Freimaurer) in Umlauf gebracht. Die Symbolik, die sich auf der Ein-Dollar-Note befindet ist, für den Eingeweihten auch sofort ersichtlich.

Das Siegel der bayerischen Illuminaten ziert interessanterweise den amerikanischen Ein-Dollar-Schein und ist außerdem die Rückseite des „großen Siegels der Vereinigten Staaten". In der untersten Steinreihe der Pyramide ist die römische Zahl "MDCCLXXVI" verewigt, es handelt sich dabei um die arabische Zahl 1776, dem offiziellen Gründungsjahr von Adam Weishaupts Illuminatenorden. Von „offizieller Seite" wird immer wieder behauptet, dass die Zahl 1776 das Geburtsjahr der USA darstellen soll.

Dem ist aber nicht so, denn das Geburtsjahr der USA war 1789, das Jahr, in dem die Verfassung in Kraft trat und George Washington der erste Präsident der USA wurde.

Außerdem steht über der geheimnisvollen Pyramide die lateinische Inschrift „Annuit Coeptis" was so viel bedeutet wie "unser Unternehmen wird von Erfolg gekrönt sein".

Im unteren Teil steht "Novus Ordo Seclorum", wo gleich die Ziele der Initiatoren mitgeteilt werden, "eine neue Weltordnung".

Dies mag etwas zu offensichtlich wirken, aber F. D. Roosevelt, der die Ein-Dollar-Note in Umlauf gebracht hat, soll damals schon treffend formuliert haben: „In der Politik geschieht nichts zufällig! Wenn etwas geschieht, kann man sicher sein, dass es auf diese Weise geplant war".

"THE CITY OF LONDON" – EIN STAAT IM STAATE!

„Mir ist es egal, welche Marionette auf dem Thron von England sitzt und ein Imperium regiert, wo die Sonne nie untergeht. Der Mann, der die Geldmenge Britanniens kontrolliert, kontrolliert das Britische Imperium, und ich bin der Mann, der die Geldmenge Britanniens kontrolliert."

(Nathan Mayer Rothschild 1777-1836)

Bei England denkt man automatisch an die Königin. Genauso wie man mit „London" oder die „City" Englands Hauptstadt in Verbindung bringt.

Tatsache ist, dass „The City of London", verwaltet durch die City of London Corporation, zu den größten Finanzplätzen der Welt zählt, basierend auf einer eigenständigen Rechtseinheit[205]. Ihre Wurzeln liegen im Mittelalter, da sie seit 886 das Recht zur Selbstverwaltung besitzt. Sie ist ein exterritoriales Gebiet und gehört nicht zu Großbritannien.[206] Das hat zur Folge, dass in der City britische Gesetze nicht greifen. Die City of London Corporation hat eine eigene Staatlichkeit und ihre eigenen Gesetze. Mit anderen Worten, sie überwacht sich selbst.

Man nennt die City auch die reichste Quadratmeile der Welt. Sie ist die älteste Gemeinde in England und hat einen besonderen Status. Durch die Krone wurden der City of London schon vor Jahrhunderten ihre Privilegien verliehen. Da England – was nur Wenige wissen – eine ungeschriebene Verfassung besitzt, bestehen diese Privilegien immer noch.

Sie wird regiert von einem „Lord Mayor". Dieser wird für jeweils ein Jahr in sein Amt gewählt und ist der unumstrittene „König" der City. Der Lord Mayor empfängt Staatsoberhäupter, Regierungschefs und die Chefs der größten Konzerne der Welt. Seine Bedeutung kann man daran erkennen, dass er bei vielen Staatsbanketten neben dem Premierminister und dem Erzbischof von Canterbury mit am Tisch sitzt. Aubrey Menen schrieb dazu in der London Time-Life: „Die Beziehung dieses Monarchen der City zu dem des Reiches (Queen) ist für uns erstaunlich und vielsagend."[207] Es ist Tradition, dass der jeweilige Monarch vor dem Betreten der City of London am Temple Bar[208] ein Gesuch an den Lord Mayor of London stellt, als würde er sich zum Staatsbesuch anmelden. Als Zeichen der Loyalität wird vom Lord Mayor daraufhin das Sword of State präsentiert. Bereits 1770 sagte schon Sir William Pitt vor dem House of Lords: „Es ist etwas hinter dem Thron, das größer als der König selbst ist!"

Im Herrschaftsgebiet des Lord Mayor leben nur 8.000 Einwohner. Auf dieser Quadratmeile befinden sich über 500 ausländische Banken, Brokerfirmen und Investmenthäuser. Englands mächtigste Finanz- und Wirtschaftsinstitutionen, mächtige Banken, wie beispielsweise die Bank of England, Lloyd's of London, die Londoner Aktienbörse und die Büros aller führenden internationalen Handelskonzerne haben hier ihren Sitz. Auch die Fleet Street, Herz- und Kernstück der Zeitungs- und Verlagswelt, ist hier zu finden.

Außerdem befindet sich dort einer der wichtigsten Metallhandelsplätze der Welt, die London Metal Exchange, mit einem täglichen Handelsvolumen von ca. 46 Mrd. Dollar. Ferner ist sie im Devisenhandel führend und hält beim Derivatehandel einen Marktanteil von ca. 40 Prozent. Außerdem werden 50 Prozent des Aktienhandels und der internationalen Börsengänge dort abgewickelt. Mehr noch, die Manager der City of London handeln weltweit mit Wertpapieren und Devisen, aber kein Gericht kann sie belangen, und sie werden auch nicht durch eine Regierung kontrolliert.[209]

Die Macht der kleinen Clique, welche die City regiert, ist enorm. Diese beruht auf einem umfangreichen Netzwerk, zu welchem die Krone, die britische Regierung und auch weltweit agierende Finanzinstitutionen gehören. Diese Macht reicht über die Erteilung von Ratschlägen bis zum Aufbau von politischem Druck. Theoretisch wird England von einem Premierminister und einem Kabinett regiert. Diese bemühen sich angestrengt, den Eindruck zu erwecken, als ob sie bestimmen könnten, was gespielt wird. In Wirklichkeit sind sie bloß Marionetten der „City", an deren Fäden die Mächtigen im Hintergrund ziehen. Benjamin Disraeli schrieb dazu: "So sehen Sie also ... die Welt wird von ganz anderen Figuren regiert, als es diejenigen glauben, die nicht hinter den Kulissen stehen"[210]

Die Geschichte hat gezeigt, dass auch weltweit andere Regierungen im Interesse einer »unsichtbaren und unhörbaren« Macht, neben der City, handeln.

"Das Wachstum unserer Nation und all unserer Tätigkeiten [ist] in den Händen von ein paar Männern. Wir sind dadurch unter all den zivilisierten Ländern eine Regierung geworden, die am schlechtesten regiert wird und die am meisten kontrolliert ist. Wir haben keine Regierung aus Überzeugung, aufgrund der freien Stimmen der Mehrheit, sondern wir sind eine Regierung, die aufgrund der Meinung einer kleinen Gruppe dominanter Männer handelt."

(US-Präsident Woodrow Wilson, 1916)

Diese Geheimorganisation, auch unsichtbare Weltregierung genannt, wurde im Mai 1954 im Hotel de Bilderberg in Oosterbeek, Niederlande, durch Prinz Bernhard der Niederlande gegründet.[211] Man konnte feststellen, dass ein Großteil der geladenen Gäste in kürzester Zeit einen überdimensionalen Karrieresprung in Politik und Wirtschaft machte. Die Einladung erfolgt durch ein Beratungskomitee, das aus amerikanischen und europäischen Mitgliedern besteht.

Seit Bestehen der Bilderberger werden weit reichende Entscheidungen zur weiteren globalen Entwicklung auf den jährlichen Konferenzen getroffen, für eine strukturierte Ordnung, anders ausgedrückt, für die von ihnen angestrebte „neue Weltordnung", mit enormen Folgen für die Weltwirtschaft und für die Weltgemeinschaft.

Der Normalbürger denkt, dass z.B. die ebenfalls regelmäßig stattfindenden G-8-Treffen, die durch die Medien als Riesenspektakel inszeniert werden (siehe G-8-Gipfel in Heiligendamm), da die acht wichtigsten Regierungschefs der führenden Nationen tagen, von hoher Bedeutung sind.

Anders verhält es sich bei den jährlich stattfindenden Bilderberger-Treffen, wo zwischen 100 und 150 Gäste, unter ihnen Regierungschefs, die Hochfinanz Westeuropas, der USA und Kanadas und führende Industrielle, ja sogar die Medien anwesend sind. Es sind aber nicht irgendwelche Medienvertreter geladen, sondern ausschließlich die Chefetagen der größten und bekanntesten Medienunternehmen der Welt. Diese Medienpräsenz führt jedoch nicht, wie man annehmen könnte, wie im Fall des G-8-Treffens zu mehr, sondern zu weniger, bis hin zu gar keiner Information. Das G-8 Treffen ist im Vergleich zum Bilderberger-Treffen wie eine kleine Hinterhofstammtischrunde. Wenn man sich den Karriereverlauf nach der Bilderberger-Einladung anschaut, dann wird einem klar, warum diese Informationen nicht verbreitet werden.

Erster Nutznießer und gleichzeitig erster deutscher Gast war 1957 **Kurt Georg Kiesinger**, der dann 1958 Ministerpräsident von Baden-Württemberg wurde und später auch Bundeskanzler der Bundesrepublik Deutschland. **Helmut Schmidt** war erstmals 1973 zu Gast und ein Jahr später wurde er Bundeskanzler. Auch **Helmut Kohl** war beispielsweise 1982 ebenfalls Gast bei den Bilderbergern, zu einer Zeit, als sein vermeintlicher Widersacher Helmut Schmidt (SPD) die Koalition mit der FDP führte. Erstaunlicherweise war 1982 auch ein Mitglied der großen Koalition, **Otto Graf Lambsdorff** (FDP) anwesend, der Ende 1982 mitverantwortlich für das vorzeitige Scheitern der SPD/FDP-Regierung war. Der Nutznießer dieses Scheiterns war der Bilderberger-Teilnehmer Helmut Kohl, denn er wurde 1983, mit Hilfe der FDP, zum Bundeskanzler gewählt.

Ähnlich lief es auch für **Jürgen Schrempp**, der 1994 erstmalig zu Gast war und 1995 wie durch Zufall Chef der Daimler-Benz AG wurde. Dasselbe Prinzip gilt auch für den Dauergast **Josef Ackermann**, der 1995 das erste Mal dabei war und 1996 den Vorstandsposten bei der Deutschen Bank einnahm. Nur 2 Wochen vor der überraschenden Ankündigung, im Herbst 2005 Neuwahlen zum deutschen Bundestag abzuhalten, waren Bundeskanzler **Gerhard Schröder** und die CDU-Vorsitzende **Angela Merkel** zu Gast beim Bilderberger-Treffen in Rottach-Egern. Damit ist auch sie Nutznießerin dieser unsichtbaren Weltregierung, da ihr die Teilnahme den Weg zur Wahl der ersten deutschen Bundeskanzlerin höchstwahrscheinlich ebnete.

Den rasanten Karrieresprung konnte man ebenfalls bei den ausländischen Gästen, die an den Konferenzen teilnahmen, feststellen. Als 1991 **Bill Clinton** am Bilderberger-Treffen teilnahm, war er noch Gouverneur von Arkansas. Nur ein Jahr später wurde er erstmals zum US-Präsidenten gewählt. **Tony Blair** nahm 1993 am Bilderberger-Treffen teil, 1994 wurde er Chef der Arbeitspartei (Labour Party) in Großbritannien. Er musste sich dann noch drei Jahre gedulden bis er 1997 Premierminister wurde.

George Robertson nahm 1998 am Treffen teil und wurde im Folgejahr NATO-Generalsekretär. **Romano Prodi** war 1999 zu Gast und wurde noch im gleichen Jahr Chef der EU-Kommission. Diese Beispiele ließen sich beliebig fortsetzen. Fakt ist jedenfalls, dass immer wieder nach den Bilderberger-Konferenzen scheinbar „zufällige" Ereignisse mit enormer Bedeutung für die Weltwirtschaft und die globale Entwicklung auftreten.

Sehr schön zu sehen ist dies auch bei dem Erfüllungsgehilfen **Wolfgang Schäuble**. Sehr viele können seine Handlungen als Finanzminister im Bezug auf die Interessen des deutschen Volkes nicht nachvollziehen. Dabei muss man, um seine Vorgehensweise zu verstehen, nur wissen, dass dieser im Jahr 2003 vom 15. – 18.05. in Versailles neben David Rockefeller und Hilmar Kopper (Deutsche Bank) an der Bilderberg-Konferenz teilnahm. Es ist anzunehmen, dass er dort höchstwahrscheinlich seine Vorgaben im Interesse der durch die Bilderberger verfolgten Ziele erhielt.

Mitte 2008 beispielsweise tagte die Konferenz in Washington und wenige Monate später wurde die Investmentbank ‚Lehman Brothers' bewusst in die Pleite geschickt. Im Sommer 2009 traf man sich in Athen und kurze Zeit später begann die griechische Schuldenkrise. Im Jahr 2011 fand an der Seite des zukünftigen Kanzlerkandidaten **Peer Steinbrück** (SPD) das Treffen in der Schweiz statt, bei dem rein zufällig der Präsident der Schweizer Notenbank SNB anwesend war und kurze Zeit darauf die Anbindung des Schweizer Franken an den Euro verkündete und damit faktisch dem „Euro-Club" beigetreten ist.

Der Bilderberger-Teilnehmer Steinbrück stellt sich im Bundestagswahlkampf 2013. Der Wähler kann also offiziell zwischen CDU-Merkel und SPD-Steinbrück entscheiden.

In Wirklichkeit wird gewählt, ob Bilderberger-Interessenvertreter Merkel oder Bilderberger-Interessenvertreter Steinbrück Bundeskanzler wird.

Eine Auswahl der deutschsprachigen Teilnehmer der Bilderberger Konferenzen[212]:

Ackermann, Josef	Vorstandsvorsitzender der Deutschen Bank
Bahr, Egon	Bundesminister für wirtschaftliche Zusammenarbeit (SPD)
Biedenkopf, Kurt	Ministerpräsident Sachsen (CDU)
Brandt, Willy	Vierter Bundeskanzler (SPD)
Breuel, Birgit	Treuhand
Burda, Hubert	Verleger der Hubert Burda Media Holding GmbH & Co. KG.
Döpfner, Matthias	Mitglied des Vorstands der Axel Springer AG, Vorstandsvorsitzender und Vorstand „WELT-GRUPPE, Aufsichtsrat des US-Medienkonzerns Time Warner, Aufsichtsrat der dpa
Dohnányi, Klaus von	Bundesminister für Bildung und Wissenschaft (SPD)
Engholm, Björn	Ministerpräsident von Schleswig-Holstein (SPD)
Erhard, Ludwig	Zweiter Bundeskanzler der BRD (CDU)

Fischer, Joschka	Bundesminister des Auswärtigen und Vizekanzler der BRD, Präsident des Rats der Europäischen Union (Grüne)
Kleinfeld, Klaus	Vorstandsvorsitzender der Siemens AG
Koch, Roland	Ministerpräsident Hessens
Kohl, Helmut	Sechster Bundeskanzler der BRD (CDU)
Kopper, Hilmar	Vorstandsvorsitzender der Deutschen Bank AG, Aufsichtsratvorsitzender der DaimlerChrysler AG
Lambsdorff, Otto Graf	Bundesminister für Wirtschaft, Bundesvorsitzender der FDP
Löscher, Peter	Vorstandsvorsitzender der Siemens AG
Merkel, Angela	Achte Bundeskanzlerin (CDU)
Özdemir, Cem	Bundesvorsitzender der Partei Bündnis 90/Die Grünen
Pflüger, Friedbert	Pressesprecher des Bundespräsidenten, Parlamentarischer Staatssekretär beim Bundesminister der Verteidigung.
Rühe, Volker	Bundesminister der Verteidigung (CDU)

Schäuble, Wolfgang	Bundesminister des Inneren (CDU)
Scheel, Walter	Bundespräsident (FDP)
Schily, Otto	Bundesminister des Inneren (SPD)
Schmidt, Helmut	Fünfter Bundeskanzler (SPD)
Schrempp, Jürgen	Vorstandsvorsitzender der Daimler-Benz und DaimlerChrysler AG
Schröder, Gerhard	Siebenter Bundeskanzler (SPD)
Westerwelle, Guido	Außenminister (FDP)
Zumwinkel, Klaus	Mitglied in den Aufsichtsräten der Allianz AG, der Deutschen Lufthansa AG und Morgan Stanley

CFR-COUNCIL ON FOREIGN RELATIONS

*„Sag mir, wer Dich zum König gemacht hat
und ich sage Dir, was für ein König Du bist."*

Der CFR (Council on Foreign Relations)[213] wurde am 29. Juli 1921 in New York von Colonel Edward Mandell House, dem wichtigsten Berater von Woodrow Wilson, im Auftrag der Inhaber der Federal Reserve Bank gegründet. Seitdem übt er eine enge Kontrolle über die Nationen der westlichen Welt aus. Der Council wird auch als die „unsichtbare Regierung" oder als das „Establishment" bezeichnet.[214]

Die CFR-Mitglieder bekleiden in Wirtschaft und Politik die höchsten Ämter. Außerdem hält der CFR mit seinen Mitgliedern die Mehrheit in den wichtigsten Staatspositionen und den ausführenden Abteilungen. Ferner kontrolliert der CFR massiv die Meinungsbildung und ist direkt verknüpft mit den großen Denkfabriken in den USA. Sie beeinflussen unter anderem die Fernsehsender NBC, CBC sowie die New York Times, Washington Post, Los Angeles Times sowie zahlreiche Verlage[215]. Mehr noch, Time, Newsweek, US News & World Report, Atlantic Monthly, Forbes und andere Medienunternehmen werden ebenfalls von CFR-Mitgliedern geleitet.

Der Einfluss beschränkt sich nicht nur auf die USA, sondern auch auf Europa, wo die zweite Garnitur der CFR- und Bilderberger-Meinungsverbreiter in den Chefetagen sitzen, so z.B. auch bei dpa und Reuters.

Siebenundvierzig der US-Repräsentanten zur Gründung der Vereinten Nationen im Jahr 1945 waren CFR-Mitglieder, einschließlich Außenminister Edward Stettinius, John Foster Dulles, Nelson Rockefeller, Adlai Stevenson und Alger Hiss, der sogar erster Vorsitzender der Vereinigten Nationen wurde.[216]

Alle vier Jahre läuft in den USA mediengerecht durch CFR-Leute aufbereitet der Wahlkampf zur US-Präsidentschaft. Seit jeher bleibt den Amerikanern nur die Wahl zwischen den Demokraten und Republikanern. Tatsächlich haben die Wähler nur die Wahl zwischen einem CFR-Mitglied und einem anderen CFR-Mitglied:

<u>Demokraten:</u> Barack Obama (CFR), Hillary Clinton (CFR), John Edwards (CFR), Chris Dodd (CFR), Bill Richardson (CFR)

<u>Republikaner:</u> Mitt Romney (CFR), Rudolph Giuliani (CFR), John McCain (CFR), Fred Thompson (CFR) , Newt Gingrich (CFR)

Der neue Präsident der USA, Obama, ist nicht nur CFR Mitglied. Sein Berater und finanzieller Unterstützer ist Zbigniew Brzezinski (CFR, Bilderberger).

Andere erwähnenswerte Mitglieder sind Al Gore (Ex-Vizepräsident der USA), Condolezza Rice (Ex-Außenministerin der USA), Paul Wolfowitz (Ex-Präsident der Weltbank und ehemaliger stellvertretender Verteidigungsminister der USA), Alan Greenspan (Ex-Chef der FED).

CFR-Mitglieder leiteten Unternehmen, wie z. B. Halliburton, British Petroleum, Royal Dutch Shell, Exxon Mobile, General Electric (NBC), Chevron, Lockheed Martin, Merck Pharmaceuticals, News Corp (FOX), Bloomberg, IBM, Time Warner, und berühmte Bankenhäuser, wie z.B. Kuhn, Loeb & Co; Lazard Freres (direkt besetzt von Rothschilds); Lehman Bros.; Goldman Sachs; Chase Manhattan Bank; Brown Bros. Harriman und viele andere.[217]

Das angestrebte Ziel deckt sich mit den Zielen der Bilderberger, es ist die Errichtung der neuen Weltordnung mit einer Eine-Welt-Regierung.

Die Neue Weltordnung

„Der Antrieb der Rockefellers und ihrer Verbündeten liegt darin, eine Eine-Welt-Regierung zu bilden, welche sowohl den Superkapitalismus als auch den Kommunismus unter demselben Dach vereint, nämlich allesamt unter ihrer Kontrolle. Spreche ich von Verschwörung? Ja, das tue ich. Ich bin überzeugt, daß es einen solchen Plan gibt, auf internationaler Ebene, vor vielen Generationen schon geplant und unbeschreiblich böse in der Absicht."

Larry Patton McDonald[218] (1935 – 1983)

George H. W. Bush, der Vater von George W. Bush, sprach am 11. September 1990 in einer Rede vor beiden Kammern des Kongresses ganz offen von der Schaffung einer Neuen Weltordnung.[219] Nur 11 Jahre später ebenfalls am 11.09.2001 (Zufall oder Kalkül?), fanden die Terrorangriffe auf die USA statt. George W. Bush rief daraufhin zum weltweiten Kampf gegen den Terror, ohne zeitliche Begrenzung, auf. Massive Einschränkung der Menschenrechte, bis hin zur totalen Kontrolle bzw. Überwachung, sind bis heute die Folgen. George H. W. Bush sollte mit seiner Rede über die neue Weltordnung recht behalten, da die Welt seit den Terroranschlägen vom 11.09.2001 eine andere ist, als sie es vorher war.

In den letzten Jahren wurde immer wieder die „neue Weltordnung" durch die Erfüllungsgehilfen der Hochfinanz proklamiert. Angestrebt wird eine Welt unter einer globalen Führung. Die vollständige Kontrolle über Menschen, Geld, Energie, Land- und Wasserwirtschaft, mit anderen Worten, die vollständige Versklavung und Unterdrückung. Die Taktik zur Erreichung dieses Ziels ist ganz einfach: Rufe Krisen hervor, wie z.B. die Eurokrise oder Kriege im Irak und in Libyen etc., die immer nach demselben Muster ablaufen. Nach dem bewusst inszenierten Chaos wird dann ein Ausweg angeboten, die eigene Sicherheit und Ordnung (z.B. Frieden) in Aussicht gestellt, frei nach dem Freimaurerprinzip „Ordo ab chao" (Ordnung aus dem Chaos). Brandstifter und Feuerwehrmann sind hier ein- und dieselbe Person.

Das Prinzip "These, Antithese = Synthese" wurde Machiavelli entnommen und von Georg Friedrich Wilhelm Hegel nochmals akademisch bearbeitet und zeigt sich in fast jeder Krise.

Der Teilnehmer der Bilderberger-Konferenz, David Rockefeller, ließ sich bereits 1994 vor dem Wirtschafts-Ausschuss der Vereinten Nationen (UN Business Council) wie folgt vernehmen: „Wir stehen am Beginn eines weltweiten Umbruchs. Alles, was wir brauchen, ist die eine richtig große Krise und die Nationen werden die Neue Weltordnung akzeptieren."[220]

Die Rockefellers und die Rothschilds gehören zur Spitze der Illuminaten, die sich aus den reichsten Familien der Welt zusammensetzt.

„Manche glauben gar, wir seien Teil einer geheimen Kabale, die entgegen den besten Interessen der USA arbeitet, charakterisieren mich und meine Familie als ‚Internationalisten' und Verschwörer, die gemeinsam mit anderen weltweit eine integriertere globale politische und wirtschaftliche Struktur schaffen – eine Welt, wenn Sie so wollen. Wenn das die Anklage ist, dann bin ich schuldig, und ich bin stolz darauf." (David Rockefeller)[221]

Die Wichtigsten von den Illuminaten kontrollierten Organisationen sind der Council on Foreign Relations (CFR), die Welthandelsorganisation (WTO), der Internationale Währungsfonds (IWF), die Weltbank, die Bilderberger Konferenz, der Club of Rome, Skull & Bones, die Trilaterale Kommission und die infiltrierten Freimaurer-Logen. Diese teilweise halbgeheimen Organisationen arbeiten weltweit an ihrem Ziel, der Errichtung einer „neuen Weltordnung". Das letztendliche Ziel ist die Eine-Welt-Regierung, Eine-Welt-Währung, Eine-Welt-Armee und Eine-Welt-Religion.

„Wir werden zu einer Weltregierung kommen, ob Sie es wollen oder nicht – durch Unterwerfung oder Übereinkunft", dies sagte das Council on Foreign Relations (CFR)-Mitglied James Warburg, Aufsichtsrat der Bank of Manhattan und Finanzberater von Präsident Roosevelt, vor dem Senatsausschuss für auswärtige Angelegenheiten bereits am 17. Februar 1950.[222]

Und diese Ziele werden mit unerbittlicher Härte verfolgt. Wer sich ihnen in den Weg stellt, lebt gefährlich und muss nicht selten mit dem Leben dafür bezahlen.

„Seitdem ich Politiker bin, haben mir Männer ihre Ansichten hauptsächlich in privatem Rahmen anvertraut. Einige der größten Männer der USA auf den Gebieten des Handels und der Industrie haben vor jemandem, vor etwas Angst. Sie wissen, daß es irgendwo eine Macht gibt, die so gut organisiert ist, so geheimnisvoll, so wachsam, so ineinander verzahnt, so vollständig, so tiefgreifend, daß sie ihre Anschuldigungen besser nur im Flüsterton ausgesprochen hätten."

Woodrow Wilson, 28. US-Präsident (1856-1924)

Im Jahre 1996 erschütterte eine Welle von seltsamen „Unfällen, Selbstmorden und Flugzeugunglücken" das Weltgeschehen.

Am 5. März 1996 starb einer der engsten Mitarbeiter von Präsident Clinton, **Ron Brown**, bei einem seltsamen Flugzeugabsturz in Bosnien. Mit Brown starben 39 weitere Regierungsbeamte.

Der ehemalige **CIA-Chef William Colby** wurde am 6. Mai 1996 tot aus dem Fluß Potomac gezogen. Offizielle Todesursache „Kanuunfall". Laut Zeugenaussage stand bei ihm die Haustür sperrangelweit offen und sogar der Computer lief noch.[223]

Einige Tage später, genauer gesagt am 16. Mai 1996, hat sich der oberste Admiral der US-Marine sowie oberster Chef aller Marineoperationen, **Jeremy „Mike" Boorda,** erschossen. So zumindest die offizielle Version. Interessanterweise wollte Boorda dem amerikanischen Nachrichtenmagazin „Newsweek" an diesem Tag ein Interview geben. Dem Magazin wollte er „die Wahrheit" offenbaren, wie dies später auch Admiral Kendell Pease bestätigte.[224]

Seinen Höhepunkt fand diese Todesserie am 08. Juli 1996, als der Bankier **Amschel Rothschild** erhängt in einem Pariser Nobelhotel aufgefunden wurde. Er galt als Nachfolger für die Führung der britischen Bank ‚N.M. Rothschild'. In den offiziellen Medien und im Internet finden sich so gut wie keine Berichte über den Tod von Rothschild. In Insiderkreisen wird gemunkelt, dass Amschel Rothschild die Jahrhunderte praktizierte Geschäftspolitik der Familie nicht mehr weiterführen wollte.

Was sollen diese ominösen Todesfälle nun bedeuten? Wie ich erfahren konnte, häufen sich die Hinweise, dass „eingeweihte" Leute, innerhalb der Geheimdienste, des Militärs und der Hochfinanz, das „miese Spiel" nicht mehr mitspielen wollen.

Mit anderen Worten, die Gegenkräfte innerhalb des Militärs, der Geheimdienste und der Hochfinanz nehmen immer mehr zu.

Viele stellen fest, dass mit den herkömmlichen Methoden der letzten Jahrzehnte die Probleme auf der Erde nicht kleiner, sondern immer größer wurden.

Sie haben Hass, Kriege, Umweltverschmutzung und politische Umstürze gesät, und nach den Gesetzmäßigkeiten fahren sie nun auch die Ernte ein. Wie bereits die Indianer sagten: „Erst wenn der letzte Fisch gefangen, der letzte Fluss vergiftet, der letzte Baum gefällt, werdet ihr merken, dass man Geld nicht essen kann."

VORWORT - TEIL 2

Es gibt viele Bücher, die genau dort stehen bleiben. Sie suchen die Schuldigen für die Weltprobleme im Außen, zum Beispiel bei den Illuminaten, den Bilderbergern oder den Freimaurern, die sie als Drahtzieher dieser Machenschaften verurteilen und entlarven.

Das bedeutet, wenn Sie diese Personen oder Gruppen für die Weltprobleme verantwortlich machen und womöglich noch bekämpfen, dann verändern Sie gar nichts. Es kommt noch schlimmer, sie richten Ihre Aufmerksamkeit auf diese Leute oder Organisationen und geben der Sache, die Sie ja eigentlich ablehnen, damit Ihre Aufmerksamkeit und auch immer mehr Energie.

„Das, worauf Sie Ihre Aufmerksamkeit richten, das wächst."

Wie Buddha bereits sagte, sind wir Schöpfer unseres eigenen Universums. Die universellen Gesetzmäßigkeiten, die hinter allen Dingen stehen, wirken demzufolge auch auf alle Menschen. Man muss sie nur kennen.

UNIVERSELLE GESETZMÄSSIGKEITEN

„Zufall ist ein Wort ohne Sinn;
nichts kann ohne Ursache existieren."

(Voltaire)

Wir haben alle in der Schule viel Wissen vermittelt bekommen, das, wie mittlerweile festgestellt wurde, zu ca. 80 % im späteren Leben nicht von Nutzen sein wird. Seit Beginn der Menschheit gab es noch nie eine Zeit, in der sofort so viele Informationen zur Verfügung standen, wie heute. Das Problem dabei ist jedoch, dass ähnlich wie in der Schule, der größte Teil der Informationen eher lebensverneinend ist und uns eher schadet als nutzt. Aus diesem Grunde kann unser Zeitalter auch als Über-Informations-Zeitalter bezeichnet werden.

Wir müssen uns mit Gesetzen, die in unserer Gesellschaft vorhanden sind, befassen, um nicht mit ihnen in Konflikt zu geraten. Die universellen Gesetzmäßigkeiten, die seit Anbeginn der Zeit existieren, werden jedoch von der Gesellschaft (Schule, Politik, Medien usw.) komplett ignoriert, obwohl doch jeder Mensch Zeit seines Lebens damit konfrontiert wird.

Wir alle wissen, dass wir in einem Kosmos leben. Die Bedeutung des Wortes „Kosmos" stammt aus dem griechischen und heißt so viel wie „Ordnung". Anders ausgedrückt, wir sind also Teil dieser Ordnung, die wiederum universellen Gesetzmäßigkeiten unterliegt.

Die Physik hat uns in den letzten hundert Jahren bewiesen, dass die Materie auf ganz klaren Gesetzmäßigkeiten beruht, dasselbe gilt auch für die geistige Welt.

Physiker drücken es wiederum so aus: Im Makro- wie im Mikrokosmos herrschen die gleichen Gesetzmäßigkeiten. Eine Fotografie beispielsweise des Atomkerns entspricht exakt einer Fotografie der Erde aus 1 Mio. km Entfernung. Das menschliche Magnetfeld in rotierendem Zustand sieht exakt so aus wie unsere rotierende Galaxie[225]. Überall, im Sichtbaren wie auch im Unsichtbaren, im Sonnensystem, in unseren Blutzellen, in der Elektrizität und im Magnetismus, finden diese Gesetze ihre Anwendung.

Die Materie wird durch elektromagnetische Kräfte zusammengehalten. Wir Menschen zählen auch zur Materie und sind demzufolge auch denselben Gesetzen unterworfen.

Die beiden wichtigsten sind das Kausalitäts- und das Resonanzgesetz.

Alles geschieht gesetzmäßig, nichts ereignet sich zufällig.

Thorwald Dethlefsen schreibt dazu in „Schicksal als Chance":

„Die Analogie »wie oben, so unten« hat nur dann eine Berechtigung, wenn wir bereit sind, dieses Universum als einen Kosmos (griechisch: Kosmos = Ordnung) anzuerkennen. Ein Kosmos wird jedoch von Gesetzen beherrscht und hat keinen Platz für Zufälle. Der Zufall als ein nicht berechenbares und nicht gesetzmäßiges Geschehen würde jeden Kosmos in ein Chaos (griech.: Unordnung) verwandeln. Bauen wir einen Computer, so stellt dieser in sich einen kleinen Kosmos dar. Er ist gesetzmäßig konstruiert, sein Funktionieren ist von der Einhaltung dieser Gesetze abhängig.

Lötet man in dessen Schaltkreise willkürlich ein paar Transistoren, Kondensatoren und Widerstände ein, die nicht zum gesetzmäßigen Schaltplan gehören, so verwandeln diese eingebauten Repräsentanten des »Zufalls« den gesamten Kosmos in ein Chaos und der Computer arbeitet nicht mehr bestimmungsgemäß. Das Gleiche gilt auch für unsere Welt. Bereits beim ersten zufälligen Ereignis würde unsere Welt aufhören zu existieren.

Beispiel: Lässt man einen Stein aus einer gewissen Höhe fallen, so fällt dieser nicht zufällig, sondern gesetzmäßig nach unten. Trifft dieser Stein dabei Herrn X auf den Kopf, so wird Herr X nicht zufällig, sondern ebenso gesetzmäßig von einem Stein getroffen. Weder die Tatsache, dass Herrn X der Stein auf den Kopf fällt, noch der Zeitpunkt, an dem dies geschieht, ist zufällig ..."

Leider wird in unserer so verstandesorientierten Welt alles analysiert hinterfragt und erst einmal angezweifelt. Dabei gehen die einfachsten Gesetzmäßigkeiten, nach denen nicht nur unser Leben, sondern das ganze Universum funktioniert, unter.

Es ist damit vergleichbar, als ob wir vor einem Stromschalter stehen und darüber diskutieren ob und wie der Strom funktioniert? Um festzustellen, ob der Strom funktioniert, müssen wir einfach nur den Schalter drücken.

Ähnlich läuft es auch bei uns Menschen ab. Wir müssen den Schalter bei uns selbst finden. Wenn wir diesen betätigen, werden wir erstaunt sein, was sich dann in unserer Welt alles auftut.

Sie können ruhig Wunder erwarten oder anders ausgedrückt, die universellen Gesetzmäßigkeiten bewusst erleben.

DAS KAUSALITÄTSGESETZ

„Noch unsere kleinste Handlung beeinflusst das gesamte Universum"

XIV. Dalai Lama (*1935)

Es ist das Gesetz von Ursache und Wirkung. Oder im Volksmund bekannt unter „was man sät, das erntet man". Jedem Menschen ist bewusst, dass, wenn man Weizen sät, nicht Roggen oder Hafer ernten kann, sondern unweigerlich Weizen. Nicht zufällig, sondern gesetzmäßig.

„Wie die Saat, so die Ernte", lautet ein altbekanntes Sprichwort. Die Saat bei uns Menschen sind die Gedanken, die uns von morgens bis abends bewegen. Die Ernte, die wir einfahren, ist dann gesetzmäßig die Reaktion auf unsere Gedankensaat.

Übertragen auf uns Menschen bedeutet dies, ist eine Person beispielsweise aggressiv seinen Mitmenschen gegenüber, dann wird sie unweigerlich Aggression ernten. Sollte sie jedoch freundlich und liebevoll zu ihren Mitmenschen sein, dann wird ihr auch Freundlichkeit entgegengebracht.

Somit steht uns täglich aufs Neue frei, wie unsere zukünftige Ernte aussehen soll. Wie wir festgestellt haben, hat jede Wirkung eine Ursache. Dies wiederum bedeutet, dass wir unsere Zukunft mit dem, was wir heute denken und wie wir handeln, selbst erschaffen. Anders formuliert: **Das, was wir heute ernten, ist das, was wir gestern gesät haben**.

Unsere Lebensumstände sind nur ein Spiegelbild unserer inneren Wirklichkeit. Jeder Gedanke trägt in sich schon den Keim, verwirklicht zu werden. Dabei ist von unbedingter Wichtigkeit, worauf wir unsere Aufmerksamkeit richten, denn dies wird unweigerlich wachsen. Das gilt für alles: Gesundheit-Krankheit, Reichtum-Armut, Frieden-Krieg.

Nehmen Sie sich einen kurzen Moment Zeit, über ihre Gedankensaat nachzudenken.

Wie häufig ist es schon vorgekommen, dass ein Arzt bei einer Untersuchung eine bestimmte Erkrankung bei uns festgestellt hat. Danach richten wir unsere volle Aufmerksamkeit auf die diagnostizierte Krankheit.

Wir übersehen dabei sehr schnell, dass wir ein Wunderwerk der Natur sind, das folgerichtig auch nach den Gesetzen der Natur funktioniert.

Es ist bei den meisten Krankheiten so, als ob in Ihrem Haus in der kleinen Speisekammer eine Glühbirne defekt ist. Nach der ärztlichen Diagnose würden Sie denken, dass daraufhin bald ihr ganzes Haus einstürzen würde. Viele Menschen fangen dann mit Hilfe diverser Ärzte an, nach unterschiedlichen Ursachen zu suchen und landen dabei in einem Kreislauf von Suchen und Finden. In der Regel werden immer mehr Krankheiten gefunden, die meist nur symptomatisch behandelt werden. Es wird dabei sehr leicht übersehen, dass uns jede Krankheit nur sagen möchte, dass in uns etwas in Disharmonie ist. Wir sprechen zwar über Krankheiten, jedoch existiert in unserer Sprache nicht das Wort „Gesundheiten", da unser Grundzustand Gesundheit ist.

Ein altes Sprichwort sagt: „**Wie innen, so auch außen**". Das Gesicht eines alten Menschen ist die Reaktion auf sein Leben. Deshalb sagt man auch: Ich schaue in Dein Gesicht und erzähl Dir Deine Geschicht´.

Anscheinend sind diese essentiellen Gesetzmäßigkeiten noch nicht ganz bei der breiten Bevölkerung angekommen.

Wie ließe sich sonst erklären, dass bei Umfragen, wie sich die Menschen die Zukunft vorstellen, ca. 80 % der Befragten der Zukunft eher ängstlich gegenüber stehen. Die angeführten Gründe sind Arbeitslosigkeit, Krankheit, Kriege, Terror und der Glaube, dass diese Ereignisse zukünftig zunehmen.

Vereinfacht gesagt, die Befragten sehen tendenziell eher eine negative als eine positive Zukunft. In den Medien kann man das sehr schön beobachten.

Zum Beispiel: Bei einem Zugunglück sterben 200 Menschen. Die Medien berichten natürlich nicht darüber, dass an demselben Tag Millionen Menschen mit Zügen sicher an ihr Ziel gelangt sind. In den Medien werden herzzerreißend alle Details dieses Ereignisses durchgegangen. In der Berichterstattung wird von einer Tragödie gesprochen. Es werden Nahaufnahmen von den Toten und die tränenüberströmten Gesichter der Angehörigen gezeigt.

Nach zwei bis drei Tagen dürfen dann die Zuschauer an einer Umfrage teilnehmen, mit dem Inhalt: Haben Sie Angst mit dem Zug zu fahren? Dreimal dürfen Sie raten wie das Ergebnis aussieht? Mindestens 75 % antworten mit ja.

Die Frage sei erlaubt: Woher kommt diese geistige Haltung? Wer beeinflusst unser Denken?

Wir mit unserem freien Willen oder die Medien?

Ist Ihnen eigentlich schon einmal aufgefallen, dass mindestens 90 % der Zukunftsfilme eine negative Zukunft für die Menschen aufzeigt. Dort geht es meist darum, wie Maschinen oder feindliche Außerirdische die Welt unterjochen (‚Matrix‘, ‚Krieg der Welten‘ usw.)

In diesen Filmen werden Sie auch keine blühenden Landschaften sehen oder Menschen, die mit sich im Einklang sind und Glückseligkeit ausstrahlen. Wenn Sie dieselben Menschen, die Ihnen die Zukunft so beschrieben haben, fragen, ob sie denn so eine Zukunft tatsächlich anstreben, würden diese das sicher verneinen.

Fragen Sie sich selbst, wie soll denn Ihre Zukunft aussehen? Treffen Sie Ihre Entscheidung selbstständig oder lassen Sie unbewusst Ihr Leben durch andere planen und lenken?

Eine einfache Regel lautet: **Wenn sie das Tun, das Reden und das Denken, was die Mehrheit tut, redet und denkt, werden Sie keine wesentlichen Fortschritte in Ihrer Entwicklung machen.**

Sie haben einen bestimmten Gedanken. Je mehr Sie über diesen bestimmten Gedanken nachdenken, umso stärker wird er. Damit setzen Sie eine Ursache. Die Auswirkung davon ist, dass das, was auch immer der Gedanke war, einmal in ihrem Leben eintreten wird.

Jetzt ist die Zeit für jeden, über seine Gedanken und Handlungen nachzudenken. Sollten Sie nicht mit Ihrer Ernte zufrieden sein, dann ändern Sie doch Ihre Ursachensetzung in Form Ihrer Gedanken und Handlungen, und die Wirkung wird sich dementsprechend auch verändern.

DAS RESONANZGESETZ

*„Wir erleben die Welt nicht wie sie ist,
sondern wie wir sind."*

(Talmud)

Das Resonanzgesetz ist im Volksmund auch bekannt durch den Ausspruch: „Jeder sieht nur das, was er sehen will." Es besagt, dass Sie die Überzeugungen (sie kamen über einen Zeugen, ob nun Eltern, Freunde, Medien usw.), die Sie in Ihrem Bewusstsein als wahr empfinden, selbst ausstrahlen und von außen anziehen. Es sagt außerdem, dass jeder das erhält, was er verdient. Bezogen auf uns Menschen bedeutet das, dass wir auf die Menschen stoßen, zu denen wir in Resonanz sind. Mehr noch, dass wir nur jene Bereiche der so genannten Wirklichkeit wahrnehmen, mit denen wir in Resonanz sind.

Alle Dinge oder Menschen, die Sie in Ihrer Welt als Wahrnehmung manifestiert haben, sind nur deswegen vorhanden, weil diese in Resonanz mit Ihnen sind. Das, was Sie sind, das ziehen Sie an, oder wie Goethe es ausdrückte **„Zeige mir, mit wem Du Dich umgibst, und ich sage Dir, wer Du bist."**

Wenn Sie in Ihrem Leben von glücklichen Menschen umgeben sind, dann spricht es dafür, dass Sie selbst glücklich sind. Sollten sich jedoch Menschen in Ihrem Umfeld befinden, die ständig unzufrieden sind, dann ist das ein Zeichen dafür, dass Sie das angezogen haben, was Sie selbst ausstrahlen. Ferner bedeutet dies, dass, wenn Sie anderen Menschen Glück und Freude schenken wollen, Sie zuerst selbst glücklich und zufrieden sein müssen.

Umgeben Sie sich vier Wochen mit Menschen, die erfolgreich, wohlhabend, gesund und glücklich sind. Hören Sie Ihnen aufmerksam zu, und Sie werden bald anfangen, so zu denken wie sie. Sollten Sie sich jedoch vier Wochen mit Menschen umgeben, die arbeitslos, erfolglos, krank und lebensverneinend sind, dann werden Sie ebenfalls anfangen wie sie zu denken.

Das, was Sie gestern gedacht haben, hat Sie zu dem gemacht, der Sie heute sind, und was Sie heute denken, das werden Sie morgen sein.

Die Menschen, die immer dieselben Gedanken denken, nach denselben Erfahrungen suchen und mit den gleichen Leuten verkehren, werden auch immer dasselbe erfahren.

Für Sie wird sich wenig ändern, denn das, was wir nicht wahrnehmen in unserer Welt, ist natürlich trotzdem vorhanden. Oder mit anderen Worten: Sie können nur mit der Wirklichkeitseinheit in Berührung kommen, zu der Sie eine Resonanzfähigkeit besitzen und diese somit in Ihrer Welt wahrnehmen. Da jeder Mensch in seiner eigenen Welt lebt, zieht er demzufolge auch das mit seinen Gedanken Erschaffene in sein Leben. Das Sichtbare ist immer nur die Manifestation des Unsichtbaren. Das Unsichtbare sind Ihre Gedanken und Gefühle.

Sicherlich ging Ihnen das auch schon so, dass Sie ein Buch nach 5-10 Jahren noch einmal lesen und Dinge finden, die Sie vorher nicht so wahrgenommen haben. Warum ist das so? Das Buch ist immer noch dasselbe, das einzige, was sich verändert hat, sind Sie, der nicht mehr derselbe Mensch ist, wie vor fünf Jahren.

Aufgrund des Resonanzgesetzes ziehen Sie Ereignisse in Ihr Leben, die aufgrund von eigenen Handlungen geschehen. Sind Sie ängstlich, dann werden Sie mit Ihren Ängsten konfrontiert. Lügen Sie, dann werden Sie belogen. Zahlen Sie Ihre Rechnung grundsätzlich erst nachdem Sie angemahnt werden, dann brauchen Sie sich nicht zu wundern, wenn auch Sie nur zögerlich bezahlt werden.

Im Herbst sagen viele Leute: „Das Wetter wird kälter, und ich werde bestimmt krank". Nachdem Sie sich erkältet haben, werden Sie sagen: „Das habe ich doch gewusst". Oder in Ihrer Firma werden Arbeitsplätze abgebaut und Sie sagen sich: „Ich werde bestimmt einer der Nächsten sein, der gehen muss." Sie öffnen den Briefkasten und holen das Kündigungsschreiben heraus. Dann fühlen Sie sich bestätigt.

Die sogenannte „sich selbsterfüllende Prophezeihung" ist ein hinlänglich bekanntes Phänomen.

Es läuft alles in unseren Gedanken ab. Sie allein entscheiden, was Sie denken. Sie könnten genauso gut denken: „Ich bin gefragt! Meine Firma braucht mich!"

Goethe formulierte es im „Zauberlehrling" so: **„Die Geister die ich rief, werd´ ich nun nicht los."**

Die meisten wissen nicht, dass ihre Gedanken ihre Erwartungen bestimmen und somit suchen sie die Schuld im Außen.

Der Ausspruch, den wir alle von unseren Eltern noch kennen „Gegensätze ziehen sich an", ist nicht korrekt. Der richtige Ausspruch müsste lauten **„Gleiches zieht Gleiches an"**. Sie können jeden Menschen, der Ihnen begegnet, als Seite eines Buches ansehen.

Lesen Sie bewusst, und lernen Sie aus den Seiten, denn diese Seiten stammen aus dem wichtigsten Buch: dem Buch Ihres Lebens.

DER SAAL DER TAUSEND SPIEGEL

In einem wunderschönen Tempel gab es einen Saal, der tausend Spiegel hatte. Eines Tages verlief sich ein Hund im Tempel und fand sich in diesem Saal wieder.

Plötzlich konfrontiert mit den vermeintlichen Gegnern, die er in den tausend Spiegeln sah, knurrte und bellte er. Er fletschte die Zähne, er wurde immer tollwütiger.

Das führte wiederum zu einer so großen Überanstrengung, dass er vor Aufregung starb.

Nach einiger Zeit verirrte sich ein anderer Hund in den Saal der tausend Spiegel. Auch er sah sich tausendfach umgeben von seinesgleichen.

Seine Augen glänzten, sein Schwanz begann freudig zu wedeln und tausend Hunde wedelten ihm entgegen und freuten sich mit ihm.

Freudig und begeistert verließ er den Tempel.

DAS GESETZ DES KARMAS

„Das Unglück, das uns heute widerfährt, ist die karmische, auf Ursache und Wirkung beruhende Vergeltung eines Unrechts, das wir anderen zugefügt haben. Unsere eigenen negativen Handlungen in der Vergangenheit schaffen die Bedingungen für unser jetziges Leiden. Wenn wir es uns recht überlegen, sind wir eigentlich diejenigen, die einem anderen schaden: Wer uns Leid zufügt, häuft unseretwegen negatives Karma an und legt damit die Grundlage für sein zukünftiges Leiden."

XIV. Dalai Lama (*1935)

Unter Karma ist ein spirituelles Konzept zu verstehen, wonach jedes Handeln, egal ob physisch oder geistig, unweigerlich eine Folge nach sich zieht.

Karma wird auch als das Gesetz des Ausgleichs bezeichnet. Demnach werden wir mit den gleichen Problemen solange konfrontiert, bis wir sie gelöst haben.

Im Buddhismus sowie im Hinduismus gehen die Menschen davon aus, dass bestimmte Handlungen im Vorleben bestimmte Ereignisse im jetzigen Leben beeinflussen. Sollte jemand beispielsweise im früheren Leben Gewalt ausgeübt haben, so wird – nach dem Gesetz des Karmas –in einem späteren Leben ihm gegenüber Gewalt ausgeübt.

Deswegen spricht man auch von einem guten, schlechten oder schweren Karma.

Da wir den freien Willen haben, sind wir jederzeit in der Lage, im Hier und Jetzt unsere Handlungen zu bestimmen.

Das gilt auch für Menschen, die mit einem schlechten Karma geboren wurden. Zwar sind die negativen Gedanken bereits gedacht und die schlechten Handlungen bereits gemacht, aber man kann ein schlechtes Karma auch wieder auflösen. Voraussetzung dafür ist, das Falsche zu erkennen, es zu bereuen, um es dann aufzulösen.

Entscheidend dabei ist, dass wir auch den Menschen vergeben, die uns gegenüber falsch gehandelt haben und bei ihnen um Vergebung bitten für unsere falschen Handlungen.

Wir leben in einer Zeit, in der sich mehr und mehr Menschen der massiven Beschleunigung in der Innen- wie auch in der Außenwelt bewusst werden. Bis vor einigen Jahren lief das gute alte karmische Gesetz noch sehr viel langsamer ab. Was konkret bedeutete, dass derjenige, der andere betrogen, geschlagen oder sonst geschädigt hat, den Ausgleich seiner Handlungen erst in zukünftigen Leben erfahren musste.

Die Wirkung für die Handlungen erfolgt jetzt immer schneller und oft noch in diesem Leben.

Mit anderen Worten: Sollten wir jemanden bestehlen, dann können wir getrost davon ausgehen, dass wir auch bestohlen werden. Die zeitlichen Abstände zwischen Ursache und Wirkung werden in den kommenden Jahren immer kürzer.

In den letzten zehn Jahren konnte ich das selbst an mehreren Personen feststellen, die ich vor langer Zeit kannte und die gierig, neidisch und zum Teil sehr hasserfüllt waren. Der größte Teil ist mittlerweile an Krebs verstorben oder erlitt den finanziellen Ruin.

Ihnen bleibt frei, welchen Weg Sie einschlagen. Entweder nehmen Sie die Opferrolle ein, indem Sie sagen, dafür können Sie ja nichts, denn Sie haben nun mal ein schweres Karma oder Sie legen mit Ihren Gedanken und Ihren Handlungen die Saat für Ihre zukünftige Ernte.

Diese Erkenntnis ist so essentiell, dass Sie mit ihr im wahrsten Sinne des Wortes einen Quantensprung in Ihrer Entwicklung machen können. Wenn Sie die karmischen Gesetzmäßigkeiten annehmen, dann werden Sie den Satz ,,Warum passiert gerade mir das?" ab sofort mit anderen Augen sehen.

Edgar Cayce sagte dazu: „**Tue Gutes denen, die Dir Böses getan haben und Du überwindest in Dir, was Du Deinem Mitmenschen angetan hast.**"

DER TOD ODER DAS LEBEN NACH DEM LEBEN

(GESETZ DER REINKARNATION)

Wenn Du geboren wirst,
weinst Du und alle um Dich herum lachen.
Wenn Du stirbst,
lachst Du und alle um Dich herum weinen.

Wie wir festgestellt haben, existiert nichts zufällig im Universum. Demzufolge muss unsere Existenz ebenfalls einem nicht zufälligen Prozess zugrunde liegen. Die Rede ist von der Reinkarnation. Seit mehr als zehntausend Jahren ist die Wiedergeburt fester Bestandteil der östlichen Religionen.

Selbst im Christentum war der Reinkarnationsgedanke bis zum Jahre 553 n. Chr. Bestandteil der Glaubenslehre. Dort lud der römische Kaiser Justinian zur zweiten Synode von Konstantinopel ein. Es wurde ein Edikt erlassen, das die Lehre von früheren Leben (der Reinkarnation) verwarf. Er soll gesagt haben: „Wer eine fabulöse Präexistenz der Seele und eine monströse Restauration lehrt, der sei verflucht."

Die Nachwehen dieses Urteils sehen wir noch heute in der westlichen Welt, die den Tod ausblendet und stattdessen einen Jugendkult propagiert. Außerdem ist die Angst vor dem Tod fest in unserer „zivilisierten Welt" verankert und neben der Habgier Ursache für unzählige Kriege.

Es ist kein Zufall, dass mit der Kunst des Sterbens auch die Kunst des Lebens verloren gegangen ist.

Wir alle kennen aus der Schule den Energieerhaltungssatz. Dieser besagt, dass niemals Energie verloren geht, sondern nur in andere Formen umgewandelt wird.

Ein kleines Beispiel dazu:

Wir brechen im Winter einen großen Eiszapfen von einer Regenrinne und legen ihn zu Hause in einen Kochtopf. Dort wird er erhitzt und binnen weniger Minuten ist aus unserem Eiszapfen Wasser geworden.

Die Form hat sich geändert, wir erhöhen die Temperatur und nach wenigen Minuten ist der Topf leer - aus Wasser wurde Wasserdampf.

Jetzt besucht uns ein Freund, und wir sagen ihm, dass er gerade einen feinstofflichen Eiszapfen einatmet. Er wird uns erstaunt anschauen und glauben, es sei ein Scherz.

Selbst wenn wir den Dampf, die feinste Form von Wasser, nicht mehr sehen können, ist er trotz allem vorhanden.

Die gleiche Menge des Eiszapfens befindet sich nämlich nun als feuchte Luft in der Atmosphäre, in der sie höher und höher steigt. Irgendwann kommt sie als Regen oder als Schnee wieder auf die Erde zurück.

Energie kann sich niemals auflösen oder verschwinden, sondern sich nur umwandeln in andere Formen.

Laut der etablierten Wissenschaft scheint diese Gesetzmäßigkeit bei uns Menschen eine Ausnahme zu machen. Aufgrund der seit Jahrhunderten konditionierten Glaubensmuster sind die meisten Menschen in der westlichen Welt davon überzeugt, eine Ausnahme dieser Gesetzmäßigkeit zu sein.

Betrachten wir die Natur, dann werden wir feststellen, dass alles in Kreisläufen angelegt ist. Auf den Tag folgt die Nacht und auf die Nacht der neue Tag. Dahinter steckt der ewige Kreislauf von Geburt, Wachstum, Verfall und Tod. Im Frühjahr sprießen aus den kleinen Knospen, wie auf ein geheimes Kommando, junge Blätter. Wir können das Wachstum der Blätter beobachten und sogar die Energie in dieser Phase spüren. Im Herbst werden die saftlosen, braunen Blätter vom Wind abgerissen. Sie fallen zu Boden, und im Laufe der Zeit verrotten sie und werden zu Erde.

An der Stelle, wo eben das Blatt abfiel, ist aber bereits eine kleine Knospe angelegt, mit der im Frühling dieser ständige Kreislauf von Wachstum und Verfall wieder aufs Neue beginnt, was jeder selbst überprüfen kann.

Johann Wolfgang von Goethe sagte schon: „**Den Beweis der Unsterblichkeit muss jeder in sich selbst tragen, außerdem kann er nicht gegeben werden. Wohl ist alles in der Natur Wechsel, aber hinter dem Wechselnden ruht ein Ewiges.**"

Das indische Wort für Welt ist ‚Samsara' und bedeutet auch ‚Rad'. Das Rad ist immer in Bewegung wie alles auf der Welt. Die Buddhisten bezeichnen den Punkt, an dem das Rad den Boden berührt, als das Jetzt, das einzig Reelle und das einzig Wahre, indem die Glückseligkeit zu finden ist. Wir, in der westlichen Welt, befinden uns aber sehr selten mit unserem Rad (unseren Gedanken) auf dem Boden, sondern eher in der Vergangenheit oder in der Zukunft.

Am Rad lässt sich sehr schön erkennen, dass Anfang und Ende ineinander übergehen. Genauso zieht jede Geburt einen Tod und jeder Tod eine neue Geburt nach sich.

Die östlichen Weisheitslehren gehen davon aus, dass alles Leben unsterblich ist und zu immer höheren Bewusstseinsstufen heranwächst. Das bedeutet, dass jeder aus seinem vorausgegangenen Leben den entsprechenden Reifegrad mitbringt und auf der Suche nach Erkenntnis ist.

Vor dem Tod ängstigt uns in der westlichen Welt nur die Vorstellung, dass wir alles, woran wir hängen, verlieren. Diese Idee stammt aus unserem begrenzten Ego-Verstand, der ständig in Angst vor jeglichen Verlusten ist. Wir glauben daran, dass unsere Identität das ausmacht, was wir durch den Tod verlieren.

Haben Sie sich schon einmal die Frage gestellt, wer derjenige ist, der durch Ihre Augen schaut? Oder anders ausgedrückt, wen nehmen wir eigentlich wahr, wenn wir uns im Spiegel betrachten?

Die meisten Menschen würden antworten: ICH. Und wer ist denn nun dieses Ich? Denken Sie mal einen kurzen Moment darüber nach.

Sie sind nicht Ihr Körper, denn der Körper kann sich ja nicht selbst gehören. Sie sind auch nicht Ihr Name, der Ihnen gegeben wurde.

Wenn es Ihnen schwerfallen sollte, über Ihr Ich nachzudenken, dann stellen sie sich einmal eine Person, einen guten Freund beispielsweise vor, den Sie mögen. Was mögen Sie eigentlich an ihm? Ist es sein Blutdruck oder sein Cholesterinspiegel? Oder mögen Sie seinen Taillenumfang oder seine Haarfarbe?

Oder sagen Sie eher über ihn, er sei geistreich, zuverlässig, ehrlich, einfühlsam - einfach ein feiner Kerl. Wenn Sie jetzt versuchen sollten, diese Eigenschaften im physischen Körper Ihres Freundes zu lokalisieren, dann wird Ihnen das schwer fallen.

Wo sitzt denn die Ehrlichkeit und wo die Zuverlässigkeit im Körper?

Deutlicher lässt es sich noch erkennen, wenn ein geliebter Freund stirbt und wir sagen: „Er fehlt mir!". Was fehlt Ihnen denn eigentlich? Was hat ihn denn ausgemacht? Denn rein physisch gesehen, ist noch kurz nach dem Tod alles vorhanden, es fehlt nichts.

Und doch werden Sie sagen, ja aber, er ist nicht derselbe. Das was ihn wirklich ausgemacht hat, die Gesamtheit seiner Charaktereigenschaften, die wiederum Teil seines Bewusstseins waren, sind verschwunden.

Übrig geblieben ist nur noch die leere Hülle namens Körper. Da wir dieses Bewusstsein auf physischer Ebene nicht nachweisen können, ist unser so geliebtes Bewusstsein, das Teil unseres Körpers war, somit nicht materieller Natur.

Oder anders formuliert, dass, was Sie als Identität wahrnehmen, ist vergleichbar mit einem Auto.

Die Seele kommt gerade aus einer zeit- und grenzenlosen Sphäre als spirituelles Wesen. Es ist ungefähr so, als ob Sie ganz alleine an einem wunderschönen Strand am Meer stehen und so weit Ihr Blick reicht, sehen Sie ringsherum nur diesen schönen Strand und das weite Meer. Sie fühlen sich frei und entspannt.

Nun inkarniert die Seele in eine Hülle (Körper), dem ein Namen gegeben wird, um menschliche Erfahrungen zu sammeln. Dieser Körper ist das Haus in dem Du wohnst.

Es ist so, als stiegen Sie in ein Auto mit getönten Scheiben. Folglich kann man nur das Auto (Körper) und nicht den Fahrer (Seele) wahrnehmen. Das Auto wiederum hat eine bestimmte Größe, Farbe, Form. Es ist vergleichbar mit den genetischen Vorgaben, die uns unsere Eltern mitgaben. Aufgrund der räumlichen Veränderung nehmen Sie die Welt aus einer begrenzten und beengten Perspektive wahr.

Über mehrere Jahrzehnte erleben Sie als Fahrer Ihres Autos eine Menge aufregender Dinge. Irgendwann ist jedoch die Zeit gekommen, da das Auto, welches Ihnen als Fortbewegungsmittel diente, alt und kaputt geworden ist. Dann wird das Auto verschrottet – die leblose Hülle namens Körper beerdigt. Der Fahrer (Seele) steigt aus und ist nun wieder an dem unendlich weiten Strand. Die Seele sieht wieder das wunderschöne Meer und spürt dabei befreit Frieden und Glückseligkeit.

Erst nach dem Tod nehmen wir wahr, dass wir **spirituelle** Wesen sind, die eine **menschliche** Erfahrung machten und nicht wie wir in unserem Leben dachten, **menschliche** Wesen sind, welche eine **spirituelle** Erfahrung machen. Oder wie die spirituellen Lehrer Asiens den Tod als Geburt bezeichnen und die Geburt als Tod.

Wenn die Angst vor dem Tod verschwindet, ist das der Anfang des spirituellen Erwachens.

Sehr schön lässt sich das bei Menschen mit Nahtod-Erfahrungen beobachten. Das Leben dieser Menschen ist anders, als es vorher war. Viele erinnern sich gern an dieses Erlebnis, bei welchem sie tiefen Frieden und allumfassende Liebe gespürt haben.

Die Hauptveränderungen nach einer Nahtod-Erfahrung lassen sich wie folgt zusammenfassen: Es besteht keine Angst mehr vor dem Tod, und er wird als etwas Besonderes angesehen. Außerdem nimmt man sich als Teil der Natur wahr und lebt bewusst in der Gegenwart.

Homer soll gesagt haben, dass der Schlaf der kleine Bruder des Todes ist. Im Grunde genommen sterben wir also jeden Abend ein bisschen. Der Verstand des wachen Menschen, der sich mit seinem Namen, seinem Körper und seiner gesell-schaftlichen Position identifiziert, ist im Moment des Schlafes verschwunden.

Der Tod ist nichts anderes als ein Übergang in eine andere Form des Seins.

„Des Menschen Seele gleicht dem Wasser, vom Himmel kommt es- zum Himmel steigt es- und wieder nieder zur Erde muss es, ewig wechselnd."
(Goethe)

DIE URSACHEN FÜR ZWISCHENMENSCHLICHE KONFLIKTE

Eine indianische Legende besagt:

An einem Abend vor dem Lagerfeuer erzählte ein alter Cherokee-Indianer seinem Enkel die Geschichte über den Kampf, der in allen Menschen vorgeht.

Er sagte: „Mein Junge, der Kampf zwischen zwei Wölfen findet in uns allen statt."

Einer ist das Böse. Es ist Zorn, Neid, Eifersucht, Gier, Arroganz, Selbstmitleid, Missgunst, Minderwertigkeit, Lügen, falscher Stolz, Überheblichkeit und Egoismus.

Der andere ist das Gute. Es ist Freude, Frieden, Liebe, Hoffnung, Gelassenheit, Bescheidenheit, Güte, Nächstenliebe, Mitgefühl, Großzügigkeit, Wahrheit, Weisheit, Einfühlungsvermögen und Glaube."

Der Enkel dachte für einen Moment darüber nach und fragte den Großvater: „Welcher Wolf gewinnt?"

Der alte Indianer antwortete: „Der, den du mit Futter versorgst."

Buddha lehrte bereits, dass sich jeder Mensch seine Welt mit seinen Gedanken erschafft. Er meinte damit, die Welt ist nur ein Spiegel unserer eigenen Gedanken und Gefühle. Wie sieht es mit Ihrer Welt aus? Was erschaffen Sie mit Ihren Gedanken? Eher eine düstere Zukunft oder eine schöne harmonische Welt voller Frieden und Glück?

Es sind unsere Gedanken und Gefühle, die unser Leben wie auch unsere Wertevorstellungen und Erwartungen bestimmen. Entscheidend dabei ist, dass unsere Wertvorstellungen von der Gesellschaft und unseren Eltern geprägt werden. Somit haben wir in der Regel ein übernommenes, starres Weltbild, das wir meist in diversen Diskussionen zu verteidigen suchen.

In unserer äußeren Welt akzeptieren in der Regel die Wenigsten ihre Mitmenschen so, wie sie sind. Auf der Grundlage der eigenen Wertvorstellungen setzen wir voraus, dass der Andere unsere Erwartungen erfüllt. Sollte das jedoch nicht der Fall sein, erwarten wir, dass er sich gemäß unseren Vorstellungen anpasst. Dabei verkennen wir, dass unser Gegenüber auf der feinstofflichen Ebene spürt, was wir über ihn denken. Die ausgesandte Energie in Form von Sympathie oder Antipathie ziehen Sie bewusst und unbewusst an. Dadurch ist die Wahrscheinlichkeit bei ablehnenden Gedanken sehr groß, dass damit der Grundstein für Konflikte gelegt wird.

Neben Gier, Neid und Hass ist dies seit Jahrtausenden eine der Hauptursachen für unsere zwischenmenschlichen Probleme auf der Erde. Dabei wird leicht übersehen, dass jeder Mensch, egal wie unsympathisch er auch auf Sie wirken mag, Eigenschaften besitzt, die lobens- bzw. liebenswert sind. Oder wie Ernst Jünger es ausdrückte: „Jeder Mensch hat seine guten Seiten. Man muss nur die Schlechten umblättern".

Und genau darauf sollten wir unsere Aufmerksamkeit richten, indem wir mit unseren Gedanken vom ‚ich' zum ‚wir' übergehen. Betrachten wir uns - die Menschheit - als Ganzes, dann stellen wir fest, dass wir mehr Gemeinsames als Trennendes haben.

Diese neue Art des Denkens würde sich nämlich mehr auf das konzentrieren, was uns verbindet, als auf das, was uns trennt. Damit würden Konflikten und Kriegen die Grundlage entzogen. Richten Sie Ihre Aufmerksamkeit auf Versöhnung und Akzeptanz, statt auf Trennung und Zerstörung. Oder einfach auf Ihr alltägliches Leben umgesetzt: Fremde sind nur Freunde, die man noch nicht kennt.

Es ist an der Zeit, dass wir anfangen, unsere Instrumente zu stimmen, um endlich gemeinsam eine Symphonie zu spielen. Der Ego-Verstand schaltet sich meist schnell wieder ein und redet uns ein, dass wir mit der Person, die wir nicht mögen, rein gar nichts gemeinsam haben. Rein physisch verbindet uns aber viel mehr mit unseren Mitmenschen, als wir denken. Wenn unsere äußere Hülle namens Körper zerfällt, tut sie dies in die fast identischen Mineralien unseres Gegenübers. In diesem Moment sind Bewertungen wie gut und böse, reich und arm völlig belanglos.

Vielleicht hilft Ihnen dieser Gedanke beim nächsten Konflikt. Darüber hinaus sind vor uns schon Abermilliarden Menschen gestorben, egal ob es die großen Griechen der Antike, die Menschen des Römischen Reiches oder Ihre eigenen Vorfahren waren.

Im Grunde genommen leben wir alle auf einem riesigen Friedhof. Unter uns befinden sich überall die zu Staub zerfallenen Knochen, die Überreste des einstigen Lebens auf der Erde. In einigen hundert Jahren werden auch unsere Staubkörner und die unserer Widersacher auf dieser Erde zwischen all den anderen zu Staub zerfallenen Knochen liegen.

In einem Moment der Stille, wenn wir diesen Riesenfriedhof um uns herum betrachten, dann werden wir überwältigt sein von seiner Schönheit. Auf dem Humus unserer Ahnen offenbart sich uns dann eine wunderschöne, farbenprächtige Blumen- und Pflanzenwelt.

DER KAMPF

„Auge um Auge, davon wird die Welt nur blind"

Mahatma Gandhi (1869 - 1948)

Betrachtet man sich die Geschichte der Menschheit, dann könnte der Eindruck entstehen, es handele sich hier um einen Kriegs- und Kampfplaneten. Schauen Sie nur in die Geschichtsbücher und Sie werden feststellen, dass die Kriege ca. 80 % der Chronologie ausmachen. Und dabei sind noch nicht einmal die anderen Nebenkriegschauplätze genannt, wie der Kampf gegen Krebs, AIDS, Drogen, Kriminalität, Armut, Terror und Naturgewalten.

Wie teilweise einige Menschen zur Natur stehen, konnte man im Jahre 2005 sehr schön an dem Ausspruch des Gouverneurs vom mexikanischen Bundesstaat Cancun erkennen, der beim Eintreffen des Wirbelsturms Wilma sagte: „Der Feind ist da!"

Egal, wogegen Sie ankämpfen, es wird unweigerlich wachsen. Das ist nur gerecht und gesetzmäßig. Das Bekämpfte bekommt unsere Aufmerksamkeit und somit unsere Energie.

Wenn Sie denken, dass Sie mit Kampf das Bekämpfte besiegen könnten, dann ist das so ähnlich, als ob Sie mit Sauerstoff das Feuer löschen wollen. Das, was wir bekämpfen, wird irgendwann Teil unserer Erfahrung werden. Wir bekämpfen und konzentrieren uns auf das Unnatürliche. Der natürliche Zustand des Universums und der Natur ist Überfluss und nicht Mangel, er ist Gesundheit und nicht Krankheit. Diejenigen, die sich als moralische Instanz sehen und den Kampf gegen den Terror, Rechtsradikalismus, AIDS, Drogen etc. auf ihre Fahnen geschrieben haben, sind die eigentlichen Förderer der Sachen, die sie so vehement bekämpfen.

Sie richten bei ihrem Kampf Ihre volle Aufmerksamkeit auf das, was es aus Ihrer Sicht zu bekämpfen gilt. Wenn Sie wirklich etwas nicht haben wollen, dann müssen Sie dieser Sache nur Ihre Aufmerksamkeit entziehen. Aber was machen die meisten Menschen? Genau das Gegenteil; wir schenken genau den Sachen Aufmerksamkeit und Beachtung, die wir eher nicht in unserem Leben haben möchten.

Von Kindheitstagen an wurde uns beigebracht, dass das Leben ein Kampf ist.

Unsere Schulbildung und das gesamte Gesellschaftssystem sind seit Jahrtausenden so aufgebaut, dass sich natürlich jeder verstandesorientierte Mensch sagt, dann muss das auch stimmen. Er merkt dabei nicht, dass er einem Jahrtausendirrtum unterliegt - zu seinem eigenen Schaden - obwohl alle großen Philosophen und Weisheitslehrer bereits auf die Lösung hingewiesen haben.

Selbst aus der Physik wissen wir, dass die gleiche Kraft, die gegen eine Wand drückt, mit derselben Intensität zurückdrückt. Drücken Sie mit 50 Kilo gegen eine Wand, dann drückt die Wand mit 50 Kilo zurück. Aus irgendeinem unerklärlichen Grund meinen die meisten Menschen, dass diese Gesetze nicht auf Sie zutreffen, sondern nur Theorie sind.

Da die Natur - wie schon Goethe feststellte - der größte Lehrmeister ist, schauen wir uns doch einmal an, wie es sich hier mit den Gesetzmäßigkeiten verhält.

Schauen Sie sich einen Baum an. Sie ärgern sich vielleicht über die wuchernden Blätter und beschneiden ihn. Die Wurzeln fühlen sich jedoch dadurch nur herausgefordert. Sie schneiden ein Blatt ab und die Wurzeln schicken drei nach. Jeder Gärtner weiß, je üppiger und dichter der Baum werden soll, umso mehr muss er ihn nur beschneiden. Aus der Sicht des Baumes sieht es wie folgt aus: Er wird angegriffen und muss sich verteidigen.

Unser Leben läuft ähnlich ab, nur dass die Blätter, die wir permanent beschneiden Krebs, Kriege, Aids, Armut, Korruption, Drogen, Arbeitslosigkeit, Terrorismus etc. sind.

Egal was wir beschneiden, es kommt dreifach auf uns zurück, was jeder bei den immer heftiger ausfallenden Naturkatastrophen und bei den sogenannten Zivilisationskrankheiten sehen kann.

Der begrenzte Ego-Verstand wird uns immer sagen „Du musst noch mehr wegschneiden". Wir schneiden mehr und mehr Blätter ab, und es werden immer mehr Blätter nachkommen. Es ist wie ein Teufelskreis, in den wir uns selbst hineinbegeben haben. Diesen Wahnsinn können Sie in den Geschichtsbüchern nachlesen, es ist die Geschichte der Menschheit, die zu 80 % aus Kriegen besteht, oder Sie schauen sich die täglichen Nachrichten an.

Der Lebensnerv des Baumes sitzt nun einmal in seiner Wurzel und nicht in seinen Blättern.

Bei uns Menschen liegt der Lebensnerv tief in jedem einzelnen verborgen, doch bei den meisten Menschen ist er noch verschüttet.

In den letzten Jahren ist aber zu beobachten, dass immer mehr Menschen über den Sinn des Lebens nachdenken. Sie fühlen eine Leere in sich und merken, dass unsere computergesteuerte, hochtechnisierte Gesellschaft, in der alles zu haben ist, sie nicht glücklich macht. Was sie in Wirklichkeit suchen, ist Selbstachtung, Anerkennung und Liebe. Da sie im Außen nicht fündig werden, suchen immer mehr Menschen nach Alternativen.

Kämpfen Sie nicht gegen den Krieg, sondern stellen Sie den Frieden in sich selbst her, darin besteht die Weisheit.

Das ist auch der Grund, warum all die gut gemeinten Demonstrationen gegen die Kriege dieser Welt nichts bringen. Die Aufmerksamkeit der Kriegsgegner liegt beim Krieg und nicht beim Frieden. Das bedeutet, die Gedankenenergie der Menschen ist somit dem Krieg zugeflossen.

Wenn jeder Einzelne der Millionen Demonstranten weltweit nur einem Menschen verziehen hätte, mit dem er einen Konflikt hat, wäre mehr für den Frieden erreicht.

Sie können viel Gutes für unseren Planeten tun, wenn Sie Ihre Handlungen auf Freude und Harmonie ausrichten, statt auf Wut und Angst. Gleiches zieht nun einmal Gleiches an.

Wenn Sie sich ändern, dann ändert sich automatisch Ihre Welt und die Welt um Sie herum. Es ist so einfach und anscheinend doch so schwer.

Unsere Parteien leben davon, anderen zu sagen, wie sie sich ändern sollen. Die Vereinten Nationen (UNO) sind einzig und allein deswegen ins Leben gerufen worden, um sich in die Angelegenheiten anderer einzumischen. Es ist natürlich einfacher, anderen zu sagen, was sie zu tun und zu lassen haben, als bei sich selbst anzufangen.

Die Menschen, die mit sich im Frieden sind, die Liebe und Zufriedenheit ausstrahlen - wie im Innen, so auch im Außen - sehen Sie in der Regel nicht im Fernsehen. Sie geben viel und bedanken sich, dass sie geben durften. Sicherlich werden Sie sich fragen, wo es denn solche Menschen gibt. Es gibt sie, nur momentan sind sie noch nicht in Resonanz mit Ihnen. Wenn Sie sich verändern und anfangen vor Ihrer eignen Tür zu kehren, statt vor anderen Türen, dann wird Ihnen mit Sicherheit der Eine oder Andere über den Weg laufen.

Allerdings werden Sie diese weisen Menschen mit Sicherheit nicht auf irgendwelchen Benefizgalas bei vom Ego getriebenen Selbstdarstellern antreffen. Die Politik ist einer der größten Tummelplätze von Schreihälsen mit einem starken vom Verstand getriebenen Ego. Tatsächlich ist das Handeln dieser Menschen durch Angst geprägt, was sie nach außen zu kompensieren versuchen.

DIE ANGST

„Einst saß ein alter, weiser Mann unter einem Baum, als der Seuchengott des Weges kam. Der Weise fragte ihn: „Wohin gehst Du?" und der Seuchengott antwortete ihm: „Ich gehe in die Stadt und werde dort hundert Menschen töten."

Auf seiner Rückreise kam der Seuchengott wieder bei dem Weisen vorbei. Der Weise sprach zu ihm: „Du sagtest mir, daß Du hundert Menschen töten wolltest. Reisende aber haben mir berichtet, es wären zehntausend gestorben."

Der Seuchengott aber sprach: „Ich tötete nur hundert, die anderen hat die eigene Angst umgebracht."

(Zen)

Die Angst ist zum ständigen Begleiter der meisten Menschen geworden. Da wären die Angst vor Krankheiten, Seuchen (z.b. BSE, Schweinegrippe etc.), Unfällen, dem Tod und einer ungewissen Zukunft sowie spätestens seit dem 11. September 2001 auch vor Terroranschlägen.

Und die Medien bestätigen uns ja auch täglich, dass diese Ängste berechtigt sind. **„Was ich befürchtet habe, ist über mich gekommen."**[226], stand bereits in der Bibel.

Dabei haben viele Erwachsene den Eindruck, dass wir in einer extrem unsicheren Zeit leben. Diese Sichtweise spiegelt sich in dem Ausspruch „Früher war alles besser..." wieder. Unser angstvolles Denken hat sich aber erst im Laufe unseres Lebens auf Grund von diversen Erfahrungen und Erlebnissen entwickelt.

Anders sieht es bei Babys und Kleinkindern aus. Sie kennen keine Angst, sondern haben volles Vertrauen in das Leben. Außerdem sind sie positiv, ja man kann schon zu recht sagen, sie sind kleine Optimisten mit einer fast ungeduldigen Freude auf die Zukunft. Unsere Kinder sind, im Gegensatz zu uns, im Hier und Jetzt präsent.

Wir befinden uns aber mit unseren Gedanken meist in der Zukunft oder in der Vergangenheit. Dadurch ist die Angst vor dem Ungewissen, im wahrsten Sinne des Wortes, vorprogrammiert.

Wer Angst hat, lebt in ständiger Unsicherheit und sucht Halt und Sicherheit im Außen, dabei erschaffen unsere Gedanken das Gefühl der Unsicherheit in uns. Bei all den Sicherheitsmaßnamen, die vorhanden sind, könnte man denken, dass die Angst verschwunden sein müsste. Aber genau das Gegenteil ist der Fall.

Aus diesem Grund besteht unsere Gesellschaft aus unzähligen Einrichtungen, die die vermeintliche Sicherheit bieten sollen.

Sehr schön lässt es sich an der Bedeutung der Versicherungsgesellschaften, Banken, Armee, Polizei etc. sehen, die das durch die Medien einsuggerierte Sicherheitsbedürfnis befriedigen sollen. Aus unserer Angst vor eventuellen zukünftigen Ereignissen und Bedrohungen jeglicher Art haben wir mittlerweile unsere Freiheit gegen die von George Orwell beschriebene totale Kontrolle eingetauscht. Das Ergebnis ist der Überwachungsstaat und der gläserne Mensch.

Oberste Priorität bei den Einrichtungen, die uns Sicherheit bieten sollen, nimmt dabei der Weltsicherheitsrat ein. Es ist jedoch offensichtlich, dass seit Bestehen der UNO und des Weltsicherheitsrates die Konflikte nicht abnahmen, sondern vielmehr zunehmen.

Die Angstgefühle entspringen im Grunde genommen nur aus dem Mangel an Vertrauen in das Leben. Wer jedoch aus Angst oder einem Mangelbewusstsein heraus handelt, wird diesen Mangel eher noch verstärken. So zieht er das, wovor er Angst hat, in sein Leben.

Die meisten Angstprediger findet man in den Medien, denn sie sind ein Tummelplatz von Politikern aller Couleur. In der Politik werden Ängste und Hass gepredigt, die als Konsequenz daraus rein zufällig das Geschäft mit der Rüstung schüren.

Die meisten Kriege wurden von Menschen begonnen, die Minderwertigkeitskomplexe hatten und sich im Innersten schwach und unglücklich fühlten. Solche Menschen wollen sich ständig beweisen und suchen permanent Bestätigung im Außen. Sie wollen der Welt zeigen, dass sie gar nicht schwach sind. In Wirklichkeit kämpfen sie ständig gegen sich selbst. Dieser Menschentyp steht meist im Rampenlicht, in der Regel hat er sich anfänglich dort selbst hingestellt. Letztendlich ist er auch nur ein Produkt des kollektiven Bewusstseins der Menschen, die Unsicherheit und Angst ausstrahlen.

Eine weit verbreitete Meinung ist die, dass die Politiker verantwortlich für die Weltsituation sind.

Das stimmt so nicht, denn jedes Volk hat nach den geistigen Gesetzen die politischen Führer, die es verdient. Viele Politiker spiegeln nur im Außen das wieder, was die breite Masse in ihrem tiefsten Inneren selbst ist. **Die Umwelt ist ein Spiegel Deiner selbst.**

Es ist höchste Zeit, dass wir anfangen, umzudenken und die Angst gegen das Vertrauen, welches wir als Kinder hatten, einzutauschen. Jeder Moment ist einzigartig und ist Teil unserer Welt, sonst würden wir ihn gar nicht so wahrnehmen können. Die Wertung und Einteilung in Gut oder Schlecht entsteht in unserem Kopf.

Unsere Meisterschaft besteht jedoch darin, dies als Teil unserer Welt anzunehmen und die Aufmerksamkeit nur auf die Dinge zu richten, die wir wirklich in unser Leben ziehen möchten.

Konzentrieren Sie sich auf sich – Ihre innere Stimme - und nicht auf das, worauf die Medien oder irgendwelche Politiker Ihre Aufmerksamkeit richten wollen. Das Handeln dieser Menschen basiert meist auf Täuschung und Verfälschung des Lebenssinns.

Einer der größten Weisheitslehrer des 20. Jahrhunderts, Jiddu Krishnamurti, lehrte bereits: „Dein Verlangen nach Sicherheit erzeugt Angst, und es ist diese Angst, die sich der Unterdrückung durch Autoritäten beugt. Die Angst sagt Dir nicht, wie Du denken sollst, sondern was Du denken sollst. Nur wenn Du frei von Angst bist, kannst Du die Wirklichkeit entdecken."[227]

Sobald Sie Ihr Leben mit der Macht Ihrer Gedanken selbst bestimmen, werden Sie merken, dass es Ihnen in „Ihrer Welt" besser geht. Und Sie werden sich fragen, wozu brauchen wir denn noch Politiker?

Aus diesem Grund sind Menschen, die vom Suchenden selbst zum Findenden geworden sind, eine Gefahr für Politik und Kirche, da man sie nämlich auf einmal nicht mehr manipulieren kann. Sie allein bestimmen die Richtung und sind nicht mehr das Blatt, das der Herbstwind mal dort- und mal hierhin weht.

Diese Erfahrung mussten Sokrates, Jesus und auch Gandhi machen. Sie lebten bewusst – unter Blinden und hatten Augen, um zu sehen. Damit stellten sie eine Gefahr für die Mächtigen ihrer Zeit dar. Diese konnten sie nicht tolerieren, da ihre Macht dadurch zu schwinden begann. Demzufolge waren sie eine Herausforderung und mussten bekämpft werden. Letztendlich waren sie nur ein Spiegel für die Begierden der Menschen, die es aber lieber vorgezogen haben, den Spiegel zu zerstören.

In Umberto Ecos Roman „Der Name der Rose" fragt William von Baskerville den blinden Abt, was so beunruhigend daran sei, wenn Menschen lachen?

Der blinde Abt antwortete: „**Lachen tötet die Furcht und ohne Furcht kann es keinen Glauben geben. Wer keine Furcht vor dem Teufel hat, der braucht auch keinen Gott mehr**".[228]

Mal ganz ehrlich, wie viele Menschen kennen Sie, die im Frieden mit sich, mit ihrer Familie, ihrem Nachbarn oder mit der Natur leben? Auf wie vielen Kriegsschauplätzen kämpfen wir denn regelmäßig im Großen wie im Kleinen?

Letztendlich entspringt der Kampf aus der Angst heraus. Angst ist jedoch eine Energie, die immer auf die Zukunft gerichtet ist. Auf eine Zukunft, die niemand gesehen, gerochen oder geschmeckt hat. Im Hier und Jetzt gibt es keine Angst. Sie müssen erst einmal das Jetzt verlassen, um mit Ihrem Verstand eine vermeintliche Bedrohung in der Zukunft zu erschaffen. Unser Verstand, der diversen Einflüssen ausgesetzt ist, baut sich seine Welt auf und auch seine Zukunft.

Aus diesem Grund lehrte Buddha „Jeder Mensch schafft sich seine Realität mit seinen Gedanken." Unsere Gedanken erschaffen das Paradies oder die Hölle auf Erden. Beides liegt nur einen Gedanken voneinander entfernt.

Das Einzige, was Sie aus Ihrem Leben mitnehmen, sind die Erinnerungen an dieses Leben. Fragen Sie sich, ob es freudvolle Erinnerungen sein sollen oder eher angst- und schulderfüllte.

DIE SCHULD

„Ich habe einen Gedanken gefunden, Govinda, den Du wieder
für Scherz oder für Narrheit halten wirst, der aber mein bester
Gedanke ist. Er heißt: von jeder Wahrheit ist das Gegenteil
ebenso wahr."

(Herrmann Hesse, Siddhartha)

Seit Menschengedenken spielt die „Schuld" eine entscheidende Rolle bei der Beeinflussung der Menschen. Eine Vorreiterrolle nimmt dabei seit Jahrhunderten die Kirche ein, die über die Erbsünde dem Gläubigen einredet, dass er schuldig sei. Dazu benutzt diese ihre Macht, um tiefgehende Ängste in die Gläubigen zu impfen.

Das System war sehr einfach, man nahm dem Menschen seine Göttlichkeit und redete ihm ein, dass er getrennt von der Schöpfung existiert. Somit begaben sich die Menschen in eine Abhängigkeit und waren sehr leicht zu beeinflussen. Dies war auch die Geburtsstunde des Teufels und der Hölle. Geboren wurden sie in den Köpfen von Menschen, die nur ein Ziel kannten, Macht über andere Menschen auszuüben und das mit allen Mitteln.

Im Mittelalter wurden in den Kirchen Truhen aufgestellt, damit die Sünder sich von ihrer Schuld freikaufen konnten. Wer seine Verfehlungen bereute und Geld bezahlte, dem versprach der Papst einen Ablass von den Strafen des Fegefeuers. Der Papst gab Beichtbriefe, sogenannte Ablassbriefe heraus, die reißenden Absatz bei der Bevölkerung fanden. Sie wurden zu einem lukrativen Geschäft für die Kirche, da die Erwerber der Ablassbriefe dachten, sich von ihren „Sünden" freikaufen zu können.

Die Kirche selbst erhob den Anspruch Mittler Gottes auf Erden zu sein und untermauerte ihre Drohungen mit einem erzürnten Gott. Aus den Drohungen wurde schnell bitterer Ernst, und über die Jahrhunderte wurden im Namen der Kirche und im Namen Jesus Christus etwa 20 Millionen Menschen, in Lateinamerika sogar ganze Völker, beseitigt.

Es ist schon paradox, wie die Lehren von Jesus völlig verdreht wurden. Millionen wurden getötet, obwohl jeder dieser „Christen" die Sätze von Jesus kannte, wie z.B.: **„Liebe Deinen Nächsten, wie Dich selbst"** oder **„Was Du nicht willst, was man Dir tu', das füge auch keinem anderen zu."**

Die Kirche riss die Vermittlerrolle zwischen Gott und den Menschen an sich, und der Papst bezeichnet sich als Stellvertreter Gottes auf Erden. Und das, obwohl Jesus die direkte Verbindung vom Individuum zum Schöpfer lehrte.

Es ist offensichtlich, dass die Kirche für ihre Existenzberechtigung Gott braucht, die Frage ist nur, ob Gott auch die Kirche braucht?

Jesus hat sich immer wieder als Menschensohn bezeichnet und lehrte, dass Himmel und Hölle im Menschen wohnen, so wie wir Gott nicht irgendwo im Weltall finden, sondern in uns. Er sagte „Alle können tun, was ich getan habe, denn der Vater und ihr seid eins. Das himmlische Königreich ist in Euch."

Eine alte Geschichte, die das sehr schön verdeutlicht:

Gott beauftragte drei Engel, die Wahrheit zu verstecken.

Der erste Engel schlug vor, sie auf dem höchsten Berg zu verstecken, da sie dort nicht zu finden sei.

Der zweite Engel sagte: „Mein Vorschlag ist noch besser, wir verstecken sie an der tiefsten Stelle im Ozean, da dort niemand hinkommt."

Gott jedoch war mit den Vorschlägen noch nicht ganz zufrieden und befragte den dritten Engel.

Der dritte Engel antwortete: „Ich habe den Platz gefunden, wo wir die Wahrheit verstecken können und die Menschen sie niemals finden werden, weil sie nicht darauf kommen und niemals dort suchen werden. Gott fragt den Engel: „Wo denn?"

Der dritte Engel antwortete: „Im Menschen selbst."

Es hat sich gezeigt, dass Sünde und Schuld außerordentlich praktisch sind, um die Menschen zu beherrschen und abhängig zu machen.

Sollten die Menschen nämlich nach der Engelsgeschichte leben, wären sie im wahrsten Sinne des Wortes frei und nicht mehr abhängig von irgendwelchen Institutionen, die ihnen Schuld einreden. Das Grundprinzip hat sich jedoch nicht geändert, sondern es wurde nur perfektioniert und ist aktueller denn je. Nach wichtigen Ereignissen urteilt heutzutage ein - von wem auch immer - Berufener (UNO, EU, Regierungen etc.), wer die Schuld trägt.

Da der oder die Berufenen natürlich im „Namen der Tugend" und „zum Wohle der Menschheit" handeln, nehmen sie sich das Recht heraus, den vermeintlich Schuldigen zur Verantwortung zu ziehen. Die Geschichtsbücher sind voll von diesem Prinzip, was in der Regel im Krieg endet. Sehr schön lässt sich das an der UNO erkennen, da diese seit Bestehen nicht in der Lage ist, mit ihren Interventionen die Zahl der Konflikte zu verringern. Die vermeintlich Schuldigen (Irak, Iran, Libyen, Serbien usw.) verteidigen aus ihrer Sicht ja nur ihr Land vor den Aggressoren. Die Probleme dieser Welt können nicht durch gegenseitige Schuldzuweisungen gelöst werden, da es auf die subjektive Betrachtungsweise ankommt.

Wir leben immer noch in einer Gesellschaft, in der das kollektive Unterbewusstsein mit Schuldgefühlen, teilweise sogar mit einem Kollektivschuldgefühl, durchzogen ist. Fragen Sie sich selbst, wem gegenüber oder warum Sie sich überhaupt schuldig fühlen. Sie werden dann Antworten finden, die Ihnen zeigen, warum sie diverse emotionale Blockaden haben. Unsere Gefühle wurden durch Suggestionen anderer geformt, die sich auf die Vergangenheit beziehen. Durch die ständige Wiederholung diverser Vergangenheitsereignisse wird der Anschein erweckt, dass Vergangenheit und Gegenwart ineinander übergehen.

Damit häufen sich immer mehr angebliche Beweise an, die für Menschen, die im Hier und Jetzt leben, erdrückend wirken. Sie sind nämlich nicht Teil ihrer Welt. Das, was wir denken, bestimmt nun mal unsere Emotionen und bildet die Ursache für unsere Lebensumstände. Wenn wir bewusst unser Denken verändern, dann erschaffen wir auch unsere Welt.

In dieser Welt ist kein Platz für Schuldgefühle, die Ihnen durch äußere Autoritäten eingetrichtert werden.

Bevor wir den Planeten des freien Willens betraten, war eine der Hauptintentionen Freiheit, Glück und Liebe zu erfahren. „Der Sinn des Lebens besteht nun mal darin, glücklich zu sein." sagt beispielsweise der XIV. Dalai Lama. Da haben Schuldgefühle keinen Platz, sondern hindern uns nur daran.

Dieses auf Schuldgefühle aufgebaute Weltsystem ist dem Untergang geweiht. Aufgrund des Internets sind viele festgefahrene Glaubenssätze, die auf angeblicher Schuld beruhen, im wahrsten Sinne des Wortes ins Wanken geraten. Immer mehr Menschen haben sich entschieden, einen anderen Weg zu gehen. Sie gehen den Weg nach innen, z.B. mit Meditation, Yoga usw. und finden dort ihre innere Wahrheit und Glück und wenden sich ab von den Medien, die mit Lügen und Ängsten die Menschen manipulieren.

DIE MEDIEN

„Auf seinen Job ist jeder Reporter, Nachrichtensprecher, Moderator, Ressortleiter, Chefredakteur usw. angewiesen und hat in der Konsequenz den von oben kommenden Anweisungen Folge zu leisten. Im Vergleich zum Eigentümer ist selbst der Vorstandsvorsitzende eines Medienkonzerns einzig eine kleine Nummer. Derjenige, der ausschert, wird mundtot gemacht oder fliegt alternativ raus."

(Michael Mross *1958)

Wir stellten bereits fest, dass die Medien bei der Beeinflussung der Menschen die Führungsrolle übernommen haben. Hier werden alle möglichen Ängste, zum Beispiel die vor Krankheiten, Seuchen (BSE, Vogel- und Schweinegrippe), Armut, Arbeitslosigkeit, Krieg und Tod, den freiwilligen Fernsehkonsumenten impliziert.

Da der größte Teil der Menschen angstgesteuert denkt und handelt, geht die Rechnung aus Sicht der Medien bislang voll auf. Während früher von der Kanzel aus die Erbsündentheorie den Gläubigen eingetrichtert wurde, übernehmen heutzutage die Medien diese Aufgabe viel effektiver und flächendeckender. Sie sind in der Lage, Millionen Menschen gleichzeitig zu manipulieren.

Durch das Gesehene wird Glauben zum Wissen. Die Medien selbst behaupten, dass sie nur ein Spiegelbild der Menschen und Ereignisse sind. Genauer betrachtet ist es aber eher umgekehrt: Die Menschen sind mittlerweile zu einem Spiegelbild der Medien geworden. Tatsächlich werden die meisten Menschen gelebt, indem sie das Vorgegebene aus dem Fernsehen essen, trinken und sich danach kleiden.

Wenn Sie sich die täglichen Nachrichtenmeldungen genauer ansehen, dann werden Sie feststellen, dass die Inhalte identisch sind, der einzige Unterschied ist der jeweilige Fernsehsprecher bzw. Fernsehsender. Sogar die verwendeten Bilder stimmen überein. Dabei soll uns doch mit hunderten von Fernsehsendern der Eindruck vermittelt werden, dass eine unabhängige Berichterstattung existiert.

Sollte es Ihnen noch nicht aufgefallen sein, dann achten Sie ab jetzt einfach mal genauer darauf.

Aus diesem Grund wurde das Wort Nach-richten, durch den Begriff „News" ersetzt. Bei den Nachrichten wird nämlich **nachgerichtet** und nicht aufgrund von reellen Ereignissen **berichtet**.

In den Medien spricht man von Weltnachrichten. Dann sei die Frage erlaubt: Von welcher Welt wird da eigentlich gesprochen? Da die Welt immer abhängig von der jeweiligen Sichtweise des Betrachters ist, kann demzufolge die Berichterstattung immer nur subjektiv sein. Mit anderen Worten, es wird nur die Sichtweise der Verantwortlichen in den Medienanstalten wiedergegeben. Diese erwecken augenscheinlich den Eindruck, dass hier von den wichtigsten Ereignissen des Tages berichtet wird.

Um das an einem Beispiel zu erläutern: Stellen Sie sich bitte die Welt als eine große Halle vor. In dieser Halle herrscht absolute Dunkelheit. Außerdem befindet sich dort jemand mit einer großen Taschenlampe, leuchtet in einige Ecken und berichtet von den Geschehnissen, die er dort sieht. Über das Fernsehen nehmen Sie nur das wahr, was die Taschenlampe ausgeleuchtet hat, alles andere bleibt im wahrsten Sinne des Wortes im Dunkeln, obwohl es auch vorhanden ist. Dieser Jemand mit der Taschenlampe sind die Medien.

Es werden also Betrachtungsweisen wiedergegeben, die die Interessen der Inhaber der Medienkonzerne und anderer Wirtschaftskonzerne widerspiegeln.

Täglich werden uns über die Medien ungeheure Mengen an geistigen Stimulationen vermittelt, die vom Verstand sortiert, verarbeitet und ausgewertet werden. Die meisten Menschen merken dabei gar nicht, dass sie bei der Fülle der Informationen ihre eigentliche Bestimmung aus den Augen verloren haben und dabei völlig unbewusst nach den vorgegebenen Mustern leben.

Wenn Sie Ihren Platz im Leben gefunden haben, dann treffen Sie auch selbstständige Entscheidungen. Sie entscheiden für sich und verlassen somit den Weg des blinden Konsumenten, der jeden vorgegebenen Trend mitmacht. In einer Zeit, die sich der Uniformierung des Denkens verschrieben hat, ist der individuelle Weg eher selten anzutreffen.

Ziehen Sie doch einfach für eine gewisse Zeit den Stecker und fangen an selbständig Ihren Verstand zu gebrauchen. Sie verlassen dann sozusagen mit Ihrem Verstand die virtuelle Welt der Ängste.

Meiden Sie doch einfach in Ihrem nächsten Auslandsurlaub zu 100 % die Medien. Da Sie nicht mit den von den Medien vermittelten Ängsten konfrontiert werden, nehmen Sie die gegenwärtigen Ereignisse, die im Hier und Jetzt stattfinden, viel bewusster und intensiver wahr.

Sie sehen das Meer und die Natur mit ganz anderen Augen. Sollten Sie tauchen und die atemberaubende Unterwasserwelt mit der einmaligen Farbenpracht erstaunt bewundern, dann werden Sie feststellen, dass es so gut wie unmöglich ist, an negative Dinge zu denken. Sie müssten nämlich dass Jetzt verlassen und mit Ihren Gedanken in eine ungewisse Zukunft abschweifen, die nicht existiert.

Sie werden ohne Medieneinfluss Dinge sehen und spüren, die Sie bislang gar nicht kannten, vor allen Dingen sich selbst.

Alle diejenigen, die nicht auf ihre Nach-richten verzichten können, sollten einmal darüber nachdenken, wie Sie sich nach den Berichten über die neuesten Opferzahlen an den Kriegsfronten der Welt, den Wirtschaftpleiten, Morden etc., fühlen. Was haben alle diese Meldungen mit Ihnen zu tun? Natürlich nichts! Durch die suggerierende Berieselung übernehmen Sie natürlich unweigerlich bestimmte Empfindungen in Ihr Leben.

Die Flugzeugkatastrophen gehören zum Standardrepertoire der Medien. Jetzt lassen Sie uns doch einmal überlegen, wie viele Flugzeuge im Jahr abstürzen und wie viele Menschen dabei ums Leben kommen. Wie viele Menschen erreichen wohl in der gleichen Zeit unbeschadet ihr Reiseziel? Im Jahre 2007 beispielsweise kamen weltweit 965 Menschen bei Flugzeugabstürzen ums Leben. In diesem Jahr stiegen circa eine Milliarde Menschen in Flugzeuge. Das macht am Tag etwa 2,7 Millionen Menschen, die unbeschadet an ihrem Ziel ankommen.

Das bedeutet, die Wahrscheinlichkeit, bei einem Flugzeugabsturz ums Leben zu kommen, liegt bei 0,000000965 % oder anders betrachtet, die Wahrscheinlichkeit, unbeschadet an ihr Ziel zu gelangen, liegt bei 99,99 %. Jetzt überlegen Sie bitte, was unsere „unabhängigen Medien" mit ihrer Berichterstattung über Katastrophen, welcher Art auch immer, gefühlsmäßig bei uns auslösen.

Menschen mit Flugangst suchen Psychologen auf, und beide, Patient und Arzt, sind auf der Suche nach der Ursache. Im seltensten Fall findet man die Ursache bei den Medien, die die geistigen Bilder im Kopf ihres Konsumenten mit ihrer Berichterstattung erst erschaffen haben.

Das gilt für fast alle Bereiche. Es wird in den Medien mehr Gedankenenergie auf den Mangel statt auf die Fülle gerichtet. Wir richten so unsere Energie auf Krankheit statt auf Gesundheit, auf Armut statt auf Wohlstand und auf Krieg statt auf Frieden.

Nochmals: **Das, worauf Du Deine Aufmerksamkeit, Deine Energie, richtest, das wächst.**

ALLES IST ENERGIE

„Was wir wissen, ist ein Tropfen;
was wir nicht wissen, ein Ozean. "

Sir Isaac Newton (1642 - 1726)

Wir betrachten uns und unsere Außenwelt und nehmen sie als eine feste Größe wahr. Wir glauben, dass das Auto, der Tisch und der Stuhl aus fester Materie bestehen, da wir sie ja sehen und anfassen können. Nur den Wenigsten ist bewusst, dass diese anscheinend feste Materie nur eine Illusion ist.

Albert Einstein hat einmal Materie als „geronnene Energie" bezeichnet. Damit meinte er, dass das, was wir wahrnehmen, letzten Endes nichts anderes ist, als eine Energie in der einen oder der anderen Zustandsform. Richard Buckminster Fuller formulierte es einmal so: „99 Prozent dessen, was einen Menschen ausmacht, ist nicht materieller Art."

Mit anderen Worten, alles ist Energie: der Tisch, der Stein, das Wasser sogar die Rose, sie unterscheiden sich letztendlich nur in der Kombination der Moleküle.

Ein Tisch erscheint uns zwar als fest, obwohl jeder Physiker weiß, dass er aus Atomen besteht, um deren Kern Elektronen mit rasanter Geschwindigkeit, nämlich mit ca. 900 Kilometer pro Sekunde, wirbeln. Betrachten wir beispielsweise eine Tasse oder einen Stuhl, so wirken sie auf uns wie feste Materie. Bei näherer Betrachtung, unter einem Mikroskop, werden wir aber feststellen, dass sich die Materieteilchen allesamt in Bewegung befinden, ohne dass sie sich berühren.

Angenommen der Kern eines Atoms wäre erbsengroß, dann wäre die Elektronenhülle ca. 170 Meter weit entfernt vom Kern und dazwischen gäbe es nur Nichts - leeren Raum und Energie. Letztlich sind der Kern und die Elektronen nur winzige Lichtteilchen. Wir können mit unseren Sinnen aber nur einen bestimmten Frequenzbereich wahrnehmen. Was als feste Materie erscheint, ist eigentlich eine Illusion, die nur durch die enorme Geschwindigkeit der Elektronen zustande kommt.

In jedem physischen Körper gibt es viel mehr Nichts als Etwas. Selbst augenscheinlich feste Materie, dass schließt unseren menschlichen Körper mit ein, besteht zu fast 100 % aus leerem Raum, das gleiche gilt auch für das Innere eines Atoms.

Die Abstände zwischen den Atomen sind riesig im Vergleich zu ihrer Größe. Was dann übrig bleibt, ähnelt eher einer Vibrationsfrequenz, es ist mehr wie eine Note - Musik als Teil von Materie.

Ein Propeller, der sich bewegt, wirkt auf uns wie eine Scheibe, obwohl es nicht der Fall ist. Die Schwingung entscheidet darüber, ob für unser Auge eine Sache sichtbar oder unsichtbar erscheint.

In alten heiligen Texten, wie beispielsweise den indischen Veden, wird die Materie seit jeher als Maya (Illusion, Täuschung) bezeichnet. Da unser Auge nur niedrige Frequenzen wahrnehmen kann, ist das, was wir als feste, solide Körper bezeichnen, nichts anderes als Energieansammlungen von Lichtmolekülen.

Physiker gehen noch einen Schritt weiter, indem sie behaupten, sofern man ein Elektron in unserem Körper anhalten würde, wenn auch nur für einen Sekundenbruchteil, dann wäre unser Körper verschwunden. Mehr noch - sollte man aus dem Universum nur ein einziges Atom entfernen, würde das Universum in sich zusammenbrechen.

Fast jeder hat schon einmal etwas von der Relativitätstheorie Einsteins ($E = mc^2$) gehört, aber nur den wenigsten ist die Tiefe dieser Theorie auch bewusst. Auf einen Nenner gebracht, beweist die Formel, dass Energie das gleiche ist wie Materie. Es gibt nämlich gar keine Materie, denn alles ist Energie. Oder wie 1919 Sir Arthur Eddington, der Einsteins Relativitätstheorie bestätigte und in diesem Zusammenhang sagte: „Der Stoff, aus dem die Welt besteht, ist geistiger Stoff.‟

Das Problem der Menschen ist, dass sich unsere Erkenntnisse auf Raum und Zeit beschränken. Beispielsweise ist heute noch bei den meisten Menschen die Annahme fest verankert, dass sich das Universum ausdehnt.

Das Universum dehnt sich aber nicht in irgendeinen Raum aus, denn außerhalb des Universums gibt es keinen Raum. Uns Wesen, die sich in Raum und Zeit entwickelt haben, ist es schlichtweg nicht möglich, einen Zustand ohne Raum und Zeit zu beschreiben.[229]

Wir Menschen leben in einer Illusion, die uns unbewusst glauben lässt, dass unsere Besitztümer, unser Geld und unser Lebenspartner eine feste Konstante darstellt, dabei sind sie allesamt dem Wandel unterworfen, wie jede Form der Materie. Selbst die alten Griechen, wie z.B. Heraklit, sagten schon: „Panta rei" was soviel heißt wie „Alles fließt!".

Es ist nicht schlimm alles zu besitzen, die Meisterschaft liegt jedoch darin, an nichts festzuhalten, da sich ohnehin alles im Wandel befindet und die einzige bleibende Konstante die Leere ist.

Die Weisen Asiens haben das schon vor über 2000 Jahren gewusst: **Form ist Leere und Leere ist Form. Die Essenz aller Dinge ist Leere.**

„Der Reifen eines Rades wird von Speichen gehalten. Doch das Leere darin ist das Sinnvolle beim Gebrauch.

Aus nassem Ton werden Gefäße geformt. Jedoch die Leere darin ermöglicht erst das Füllen der Krüge.

Aus Mauern, durchbrochen von Türen und Fenstern, baut man ein Haus. Aber der Leeraum, das Nichts, macht es erst bewohnbar.

So ist das Sichtbare zwar von Nutzen, doch das Wesentliche bleibt unsichtbar."

(Laotse)

DIE „OBJEKTIVE WELT"

„Man sieht nur mit dem Herzen gut,
das Wesentliche ist für die Augen unsichtbar."

Antoine de Saint-Exupéry (1900 - 1944)

Unsere Welt ist auf den ersten Blick auf objektiven Maßstäben aufgebaut, die vorrangig verstandesorientiert sind. Wir gehen davon aus, dass das, was unser Auge erfassen kann, der Realität entspricht. Der Gründervater für unser starres, von Logik geprägtes Weltbild ist Aristoteles, ein Schüler Platons. Das vergleichende Entweder-Oder-Denken, welches heute noch unsere Welt dominiert und an den Schulen gelehrt wird, stammt von ihm. Das Be- und Verurteilen von Dingen und Personen in schön und hässlich, in gut und böse, erscheint uns völlig normal.

Bei genauerer Betrachtung liegt hier jedoch ein gewaltiger Irrtum vor. Wir bezeichnen beispielsweise einen Menschen als schön. In Wirklichkeit sagen wir damit nicht aus, dass dieser Mensch wirklich schön ist, sondern, dass wir auf lediglich angenehme Weise von ihm berührt sind. Ähnlich sieht es auch bei Personen oder Dingen aus, die wir als hässlich bezeichnen. Hiermit drücken wir ebenfalls nur aus, dass wir davon auf unangenehme Weise berührt sind. Derselbe Gegenstand, den der eine abstoßend findet, gefällt aber einem anderen.

Egal, ob wir von einer Sache angezogen oder abgestoßen werden, die Reaktionen spielen sich nur in uns ab. Mit dem Objekt hat das nicht das Geringste zu tun.

Wir streiten darüber, wer oder was aus unserer Sicht nun schön oder hässlich ist. Die Bühne hierfür bildet unsere Medienlandschaft und allen voran die Boulevardpresse. Sie setzt „objektive" Maßstäbe fest, obwohl es gar keine geben kann, weil alles nur im Auge des Betrachters gesehen und gefühlt wird.

Alles, was wir im Außen sehen, ist nämlich so gar nicht vorhanden. Unsere Augen beispielsweise können nur 8 % des vorhandenen Lichtspektrums wahrnehmen. Obwohl diese Tatsache bekannt ist, neigen wir dazu, die restlichen 92 % als nicht existent zu betrachten. „So sind wohl manche Sachen, die wir getrost belachen, weil unsere Augen sie nicht sehn..." (Matthias Claudius)

Wir bilden uns ein, mit unseren Augen alles erfassen zu können. Diese Vorstellung entspricht nicht der Realität, sondern sie entspringt unserem verstandesorientierten Denken.

Für uns ist das Sonnenlicht beispielsweise weiß. Sollten Sie die Sonnenstrahlen analysieren, dann werden sie feststellen, dass sich das Sonnenlicht in folgende Farben aufspaltet: Rot, Gelb, Grün und Blau. Der ultraviolette Bereich des Lichtspektrums ist ebenfalls vorhanden, nur unsere Augen können ihn nicht sehen.

Goethe sagte beispielsweise: **„Man sieht nur das, was man weiß"**. Das Volk hat daraus gemacht: **„Ich glaube nur das, was ich sehe."**

Unsere Perspektive ist eine Einschränkung. Dies ist sehr schön an dem Phänomen des Sonnenaufgangs und -untergangs zu erkennen. Für uns Menschen auf der Erde bzw. in der Nähe der Erdoberfläche geht die Sonne morgens auf und abends unter. Das ist aber nur eine relative Wahrheit. Die absolute Wahrheit ist, dass für den Menschen, der das Ganze aus dem Weltall betrachtet, die Sonne immer scheint.

Im Übrigen sehen wir nicht durch unsere Augen, wie allgemein angenommen, sondern mit unserem Gehirn. In der hinteren Innenseite des Auges befindet sich die Retina (lat. Rete= Netz), die dem Gehirn die Signale der empfangenen Lichtreize übermittelt. Die Retina wird dem Gehirn zugerechnet und ist zugleich ein besonderer Teil des Nervensystems. Unser Gehirn fügt die aufgenommenen Reize zu Formen und Farben zusammen, was wir schließlich als Bild wahrnehmen.

Die Weisheitslehrer Indiens beispielsweise bezeichnen die Welt als „Maya", als eine Welt der Täuschung und des Scheins. Auch die alten Ägypter sprachen in diesem Zusammenhang vom „Schleier der Isis".

Viele von uns kennen noch aus alten Schultagen das Höhlengleichnis von Platon. Er hielt alle Phänomene in der Natur nur für Schattenbilder der ewigen Formen und Ideen.

Er beschrieb die Menschen wie Höhlenbewohner, die Schatten an den Wänden sehen und glauben, die Schatten seien die wirkliche Welt. Die Höhlenbewohner wissen nicht, dass es noch eine andere Welt gibt und somit findet keiner den Ausgang aus der Höhle heraus, um zur Wahrheit, der Sonne, zu gelangen.

Die Frage, woraus Licht besteht, beschäftigt seit jeher die Wissenschaft. 1675 führte Sir Isaac Newton den Beweis, das Licht aus kleinen Materieteilchen besteht. Newtons Theorie bekam 1690 Konkurrenz, denn die Physiker Huygens und Fresnel stellten die Theorie auf: Licht sei eine elektromagnetische Welle. Daraufhin entbrannte ein Jahrhunderte andauernder Streit unter den Physikern, was Licht nun sei, Welle oder Teilchen. In den zwanziger Jahren des letzten Jahrhunderts fand dieser Streit seinen Höhepunkt und führte – aus meiner Sicht – zu der größten wissenschaftlichen Erkenntnis: Die Wissenschaftler stellten fest, dass sich das Licht manchmal als Teilchen und ein anderes Mal als Welle zeigt.

Die Quantenphysiker waren verblüfft, dass sich die Lichtteilchen (Photonen) unterschiedlich verhielten. Je nachdem, was das Experiment beweisen sollte bzw. was der Durchführende erwartete, verhielten sich nämlich die Photonen. Wünschte sich die Person, die in das Gerät hineinschaute, dass die Teilchen als Welle fließen, dann flossen sie als Welle. Wünschte sich dieselbe Person, dass die Teilchen im Kreis fließen, dann flossen sie im Kreis.

Da nach dem aristotelischen Weltbild, der polaren Welt, das eine das andere ausschließt, standen die Wissenschaftler vor einem Problem. Die Photonen verhielten sich nämlich nachweislich je nach Erwartung des Beobachters.

Das hatte zur Folge, dass die Wissenschaft sich zum ersten Mal auf das „sowohl als auch" und nicht auf das sonst so übliche „entweder oder" einlassen musste.

Die Quantenphysiker erkannten, dass das Photon nur ein Potential ist, welches sich nach dem Beobachter richtet. Darüber hinaus stellten sie fest, dass dies für alle Teilchen gilt und auch für alles, was aus Teilchen gebildet wird - also auch für das Universum.

Somit bewiesen sie, was andere Kulturen bereits seit Jahrtausenden wussten und was sich auch mit den uralten Weisheiten der Mystiker deckt: Die Welt ist abhängig vom Betrachter. Diese Erkenntnis stellt das westliche Weltbild komplett auf den Kopf.

Die Erkenntnisse der Quantenphysik sind so atemberaubend, da wir nicht - wie herkömmlich angenommen - die Verantwortung für unser Leben irgendeinem Gott, der außerhalb von uns existiert, zuschieben können. Das, was als Gott bezeichnet wird, ist demzufolge in uns und nicht wie angenommen außerhalb von uns zu finden. Albert Einstein sagte dazu „Wir sind Schöpfer und Geschöpf gleichzeitig".

Durch Einsteins Relativitätstheorie und die Erkenntnisse aus der Quantenphysik wurde das aristotelische Weltbild ad absurdum geführt, denn einer der wichtigsten Eckpfeiler der aristotelischen Logik besagt, dass da, wo etwas ist, nicht auch noch etwas anderes sein kann.

Nicht das Entweder-oder-Denken entspricht der Wirklichkeit, sondern das Sowohl-als-auch-Denken. Alle Probleme, die sich die Menschheit selbst eingebrockt hat, sind durch unser vergleichendes Entweder-oder-Denken entstanden.

Es ist jetzt an der Zeit, das alte Denksystem auf den Müllhaufen der Geschichte zu werfen und es durch die Synchronizität des Sowohl-als-auch-Denkens zu ersetzen.

Jetzt verstehen Sie vielleicht auch, warum unsere Kinder so etwas nicht an den Schulen gelehrt bekommen (noch nicht!) oder warum in unserer so „aufgeklärten" Gesellschaft nicht darüber gesprochen wird.

Die Welt, so wie wir sie kennen, würde nicht mehr existieren. Die Politik, die Kirche, alle ethischen Vereinigungen würden verschwinden. Vereinfacht gesagt: Alle, die Macht auf Sie ausüben, würden automatisch ihre Existenzberechtigung verlieren.

Man kann es auch so formulieren: Wir befinden uns im vollen Gange bei der geistigen Erneuerung der Erde oder anders ausgedrückt: Gott atmet durch. All das alte, destruktive steht den neuen Veränderungen im Wege und wird unweigerlich verschwinden. Wir gehen immer mehr vom verstandesorientierten Denken über zu intuitiven Entscheidungen. Das neue Denken heißt: „Wenn Du Dich veränderst, dann verändert sich Deine Welt!"

DIE MACHT DER INTUITION

„Was könnte wichtiger sein als das Wissen?"
fragt der Verstand.

„Das Gefühl und mit dem Herzen sehen!"
antwortet die Seele.

(Spanisches Sprichwort)

Intuition wird oft als die Fähigkeit bezeichnet, ohne Nachzudenken das Richtige zu tun.

Neue wissenschaftliche Untersuchungen haben nachgewiesen,
dass die meisten Entscheidungen „aus dem Bauch heraus"
bzw. intuitiv getroffen und nachträglich vom Verstand erklärt
bzw. rationalisiert werden.

Selbst Albert Einstein meinte schon „Intuition ist alles was
wirklich zählt". Er gab an, die spezielle Relativitätstheorie intuitiv entwickelt zu haben. Das ist jedoch keineswegs ein Privileg,
welches nur Wissenschaftlern oder Künstlern vorbehalten ist.
Denn die meisten von uns haben ebenfalls schon sehr häufig
intuitiv gehandelt, nur die Wenigsten sind sich dessen auch
bewusst. Ein Pianist beispielsweise spielt 30 Noten pro Sekunde, im wahrsten Sinne schneller als er denken und sie erfassen kann. Ein Profisprinter verlässt den Startblock 120 Millise-
kunden (etwa die Dauer eines Wimpernschlags) nach dem
Startschuss. Somit hört der Sprinter erst bewusst den Knall,
wenn er bereits rennt.

Dazu ist es wichtig zu wissen, dass jeder Mensch und jedes
Tier in sich das Geheimnis der Intuition trägt, nur bei uns
Menschen liegt sie zum Teil verschüttet unter der verstandes-
dominierten Oberfläche, vergleichbar mit einem funkelnden
Diamanten, der unter einem riesigen Sandberg verschüttet
wurde.

Speziell in den letzten zwei Jahrtausenden wurde die Intuition
immer mehr durch den Einfluss der Gesellschaft in den Hintergrund gedrängt und dem Verstand mehr Kompetenz einge-
räumt. Der Verstand ist jedoch sehr leicht manipulierbar, die
Intuition allerdings nicht. Es ist dieses kleine Bauchgefühl, das
Ihnen sagt, dass Vorsicht geboten ist, oder, hier fühle ich mich
wohl. Sollten die Menschen auf ihre Intuition hören, erübrigt
sich die Diskussion über Gut und Böse. Der Einzige, der verurteilt und in Gut und Böse unterscheidet, ist der Verstand. Unsere Intuition hingegen ist eine Instanz in uns mit so unendlich viel Weisheit.

Es ist diese leise Stimme, die nur das Beste für uns will und uns behilflich ist bei der Erfüllung unserer Lebensaufgabe.

Jetzt wissen Sie auch, warum die Politik, die Medien und die Industrie es nur auf unseren Verstand abgesehen haben. Ja genau, unseren Verstand: weil Sie das denken, was Sie denken sollen.

Mit anderen Worten: Der Sandhaufen, der Ihre Intuition (Ihren Diamanten), verschüttet hat, wächst und wächst durch diverse verstandesorientierte Ablenkungen (Fernsehen, Zeitung, Handy und ständig erreichbar und online bleiben) immer mehr.

Diese leise Stimme ist aber immer anwesend. Die Frage ist nur, ob Sie auch hinhören, wenn sie mit Ihnen spricht. Dazu ist es erforderlich, dass Sie Ihre Aufmerksamkeit von außen nach innen lenken. Schaffen Sie sich Freiräume, um in die Stille zu gehen. Ein Spaziergang allein in einem dunklen Wald (aber bitte ohne Taschenlampe!) kann Wunder bewirken, denn durch bewusste Wahrnehmung des Ein- und Ausatmens löst sich langsam die Dominanz des Verstandes. Das Schöne daran ist, dass Ihr Augenlicht sich an die Dunkelheit gewöhnt und Sie sich zwangsläufig auf das Jetzt - den Weg der vor Ihnen liegt - konzentrieren müssen. Einstein wusste um dieses Geheimnis in dem er sagte „Schau ganz tief in die Natur, und dann verstehst Du alles besser.‟

Ihre Sinne werden im wahrsten Sinne des Wortes geschärft.

So kommen Sie mit Ihrer inneren Stimme in Kontakt und können diese bewusst wahrnehmen. Zum einen ist es ein schönes Gefühl, zu spüren, dass Sie einen Freund haben, der Ihnen so nah' steht, wie niemand sonst. Zum anderen sind Sie nicht mehr so leicht manipulierbar, so dass Sie Ihre Entscheidungen in Zukunft mit Hilfe Ihrer Intuition treffen können. Sie werden feststellen, dass Ihr Leben eine völlig neue Wendung nimmt und Sie sich frei, glücklich und zufrieden fühlen.

Auch wenn Sie nicht unbedingt ein Einstein werden, wird Ihnen der wiedergefundene Diamant, in Form der Intuition, ein kostbarer Begleiter bei der Erfüllung Ihrer Lebensaufgabe sein.

DIE LEBENSAUFGABE

„Finde die Arbeit,
die Dich beseelt,
und Du wirst Dich nie mehr anstrengen müssen."

Konfuzius (551 v. Chr. – 479 v. Chr.)

Selbst die alten Griechen stellten sich schon die Frage nach dem Sinn des Lebens. Zu dieser Zeit galt Delphi als Mittelpunkt der Welt und über dem Eingang des Tempels zu Delphi stand zu lesen: Erkenne Dich selbst!

Was für die Menschen der damaligen Zeit galt, gilt noch heute. Seine Lebensaufgabe zu finden, ist die Voraussetzung für Glück, Gesundheit und Zufriedenheit. In unserer westlichen, verstandesorientierten Welt, in einer Welt voller Überfluss, ist ein Großteil der Menschen eher unglücklich und unzufrieden. Wir suchen unbewusst nach immer mehr Dingen im Außen, in der Hoffnung darin das angestrebte Glück und die dazugehörige Zufriedenheit zu finden.

Ein Großteil der Menschen arbeitet nur, um Geld zu verdienen, dabei leben sie nur für die Arbeit und nicht für sich selbst. Oft ist die Arbeitswoche nur eine Unterbrechung von zwei Wochenenden. Die meisten Menschen haben einen Beruf, jedoch kommt „Beruf" von „Berufung", dem inneren Ruf, der in jedem von uns steckt, sich zu verwirklichen. Diese Berufung kann auch als Lebensaufgabe bezeichnet werden. Die spirituellen Meister Asiens sagten, die meisten Menschen träumen ihr Leben und nur die wenigsten schaffen es auch, zu erwachen.

Fragen Sie sich doch einmal, welche fünf Tätigkeiten Ihnen am meisten Spaß machen. Und dann überprüfen Sie, ob Ihre Berufstätigkeit mit dabei ist. Sollte dies jedoch nicht der Fall sein, dann haben Sie mit hoher Wahrscheinlichkeit noch nicht Ihre Berufung im Leben gefunden. Sollten Sie dieselbe Frage Musikern, Malern oder Profisportlern stellen, dann werden Sie feststellen, dass diese ihre Tätigkeit noch nicht einmal als Arbeit ansehen. Bob Dylan hat es einmal so formuliert: „Ein Mensch ist erfolgreich, wenn er zwischen Aufstehen und Schlafengehen das tut, was ihm gefällt."

Das heißt letztendlich nichts anderes, als dass die Menschen, die ihrer Lebensaufgabe näher kommen, erfüllter, glücklicher, und zufriedener sind.

216

Umgekehrt bedeutet das jedoch, dass, je weiter Sie sich von Ihrer mitgegebenen Lebensaufgabe entfernen, desto unglücklicher und unausgeglichener werden Sie.

Letztendlich werden wir außer den gesammelten Erfahrungen und Erkenntnissen nichts mitnehmen können, wenn wir unseren materiellen Körper verlassen.

Oft orientieren wir uns an anderen, die uns sagen, was richtig oder falsch ist, was wir denken und tun sollen, um zu funktionieren. Obwohl wir auf Grund des freien Willens selbst entscheiden können, was gut oder schlecht für uns ist, läuft es immer mehr auf eine Uniformierung im Denken und Handeln hinaus. Durch den täglichen Überlebenskampf bleibt den meisten auch keine Zeit, um einmal nach innen zu schauen oder sich die Frage nach dem Sinn des Lebens zu stellen bzw. nach der eigenen Lebensaufgabe. Der freie Wille gibt uns so viel Macht, unser Leben mit den dazugehörigen Handlungen so zu gestalten, dass wir der Regisseur unseres eigenen Lebensfilmes sein können. Wir allein können mit dieser Macht aus unserem Leben ein Meisterwerk erschaffen.

Einige haben sehr viele Besitztümer, beispielsweise ein Ferienhaus am Mittelmeer, sechs Autos, eine Yacht etc.. Das ist eine schöne Sache, solange sie glücklich und zufrieden damit sind. Ab und zu sollte man sich die Frage stellen: Besitze ich meine Besitztümer oder besitzen die Besitztümer mich?

Der wahre Wert, der Sie ausmacht, lässt sich ohnehin nicht an dem messen, was Sie besitzen oder verdienen, sondern nur an dem, wie glücklich Sie sind. Und da spielt, wie bereits erwähnt, die Lebensaufgabe die bedeutendste Rolle.

Erinnern Sie sich an Momente in Ihrem Leben, in denen Sie voller Begeisterung waren? Sie standen im wahrsten Sinne des Wortes unter Strom. In diesen entscheidenden Momenten zeigen uns die Schicksalsboten unsere persönliche Lebensaufgabe.

Dort, wo Ihre Gaben liegen, liegen auch Ihre Lebensaufgaben. Jeder Mensch hat Talente, nur die wenigsten machen von ihnen Gebrauch.

Die Begabungen, die Sie in Ihrer Kindheit hatten, sind oftmals Ihre wahren Talente, die aber unter einem Schutthaufen eines autoritären Systems vergraben wurden. Wenn Sie jung sind, haben Sie überschießende Energie, die Sie wünschen lässt, Berge zu versetzen, nach den Sternen zu greifen. Dann greift die Gesellschaft ein und fordert die Energie innerhalb von Gefängnismauern zu halten, die sie „**Ansehen**" nennen. Durch Erziehung und Sanktionen wird die Energie allmählich zermalmt.

Es wird Sie vielleicht enttäuschen, wenn ich Ihnen sage, dass die meisten von uns nicht hier sind, um große einflussreiche Politiker, Manager oder Heerführer zu werden, denen die Massen folgen. Diese vom Ego bestimmten Muster haben wir alle schon zu Genüge in früheren Leben gelebt.

Diese unzähligen Rollen waren geprägt durch Hass, Neid, Gier, Wut, Gewalt und Machtausübung über andere Menschen. Die meisten von uns sind aber hier, um Demut, Großzügigkeit, Dankbarkeit und Vergebung zu lernen. **Die Zeit ist gekommen, endlich vom Suchenden zum Findenden zu werden.**

DIE SUCHT ERSETZT DIE SUCHE

Durch die Summe seiner Gedanken, Handlungen und Worte
erschafft sich der Mensch sein Schicksal!

Die Frage, die sich jeder spätestens kurz vor seinem Tod stellt, ist die: „Bin ich in meinem Leben angekommen?".

Letztendlich sind die meisten Menschen ihr ganzes Leben auf der Suche, nur die wenigsten werden auch zu Findenden. Da die Suche in der Regel verstandesorientiert abläuft, umfasst sie zum größten Teil folgende Bedürfnisse: Die Suche nach Liebe, Glück, Erfolg, Geld und nach gesellschaftlicher Anerkennung. Alle diese Dinge werden vom Verstand als Bedürfnisse kreiert. Wir geben dem so viel Aufmerksamkeit, dass wir dabei übersehen, dass unsere Erfahrungen, die wir im Leben machen, die einzig wahren Lehrmeister sind. Aus ihnen entsteht wahres Wissen, Erkenntnisse und Weisheit.

Der Verstand ist jedoch der Geburtsort der Dualität und seine Heimat ist die Angst. In ihm entsteht Lust und Begierde, Zweifel und Wissen, Angst und Mut. In einem Moment findet er eine Sache besonders gut, nach einer gewissen Zeit findet er dieselbe Sache besonders schlecht.

In der vom Ego-Verstand dominierten westlichen Welt sind den meisten Menschen fast ausnahmslos die Namen von Markenkleidung, Autos, Luxuswaren etc. bekannt. Fast niemand kennt mehr die Namen von Bäumen, Pflanzen und Vögeln, obwohl sie uns täglich umgeben. Was jedoch die Allerwenigsten kennen, ist sich selbst.

Der Ego-Verstand ist nie zufrieden und kreiert immer neue Bedürfnisse, in der Hoffnung, damit Glück und Zufriedenheit zu finden.

Dieses vom Verstand dominierte Verlangen nach immer mehr Dingen im Außen, stellt eine zwanghafte Handlung dar. Dabei wird leicht übersehen, dass zwanghafte Handlungen jeglicher Art Suchtpotential in sich tragen. Wir leben in einer Zeit der enormen medialen Ablenkung, die uns immer neue Bedürfnisse suggeriert, deren Resultat wir dann in unserer Garage, unserem Kleider- und Kühlschrank wieder finden.

Diese gezielte Ablenkung bringt uns von der wichtigsten Sache in unserem Leben ab: Uns selbst zu erkennen. Um sich selbst richtig kennenzulernen, müsste man sich allerdings den äußeren Einflüssen entziehen.

Doch die meisten Menschen fürchten nichts so sehr wie das Schweigen tief in sich. Wir sind nämlich mittlerweile dermaßen verstandesdominiert, dass unser Verstand uns das Gefühl vermittelt, er würde sterben, wenn er nicht arbeitet.

Bei vielen Menschen ist dieser mittlerweile zum Peiniger geworden, der nur noch unter Zuhilfenahme von Alkohol, Beruhigungs- oder Schlafmitteln, von dessen unablässig fließenden Gedanken befreit und zur Ruhe kommen lässt.

Wenn also eine Sache zwanghaft wird und Sie eine Angewohnheit nicht mehr ablegen können, liegt ein klares Suchtverhaltensmuster vor.

Wann haben Sie denn das letzte Mal einen Tag oder eine Stunde an nichts gedacht?

Sie werden sicherlich erwidern: „Es ist ja gar nicht machbar!" Dass es machbar ist, wurde von unzähligen Menschen erlebt, die tiefe Meditationspraktiken beherrschen.

Fangen Sie am besten gleich an - mit nur einer Minute.

Jetzt!!!

Haben Sie den Knopf zum Ausschalten gefunden?

Sollten Sie dies verneinen, liegt Denksucht vor, wie bei den meisten Menschen. Von dieser „Sucht" habe ich ja noch nie etwas in den Medien gehört, werden Sie erwidern? Wie denn auch, die Medien leben ja davon, dass wir alles übernehmen, was man uns in den Verstand eintrichtert.

Wie bereits erwähnt, konsumieren viele Menschen unzählige legale oder illegale Drogen, nehmen Medikamente oder Arzneimittel, nur um ihren Verstand zu bändigen. Schön für die Industrie, aber schlecht für Sie, da Sie auf diese Weise nur ruhig gestellt werden, aber tatsächlich keine Fortschritte auf der Suche nach sich selbst machen.

Dazu ein kleines Experiment.

Setzen Sie sich in einen Raum, indem Sie nicht gestört werden können (Handy, Telefon und Fernseher sollten ausgeschaltet sein), nehmen Sie sich einen Zettel und fangen Sie an, die Gedanken, die Ihnen durch den Kopf gehen, spontan aufzuschreiben. Seien Sie dabei ehrlich zu sich und werten Sie nicht in gute oder schlechte Gedanken. Die Übung sollte nicht länger als 10 Minuten dauern. Danach lesen Sie sich in Ruhe Ihre Aufzeichnungen durch.

Viele werden jetzt erschrocken sein, über die niedergeschriebenen Gedanken. Im Stillen werden einige dabei denken, das ist das Werk eines Verrückten oder eines Wahnsinnigen.

„Jeder Mensch erschafft sich seine Welt mit seinen Gedanken", sagte bereits Buddha. Dieser Satz kann nicht oft genug gesagt werden, denn er ist einer der essentiellsten in unserem Leben.

Wir Menschen streben alle nach Glück, Zufriedenheit und Freiheit. Das höchste Ziel jedoch ist die Erlangung der Glückseligkeit für jeden Einzelnen. Denn wir werden erst wirklich frei sein, wenn jeder akzeptiert, dass er selbst Schöpfer seines eigenen Universums ist, mit allen dazugehörigen Seiten, positiv wie negativ. Dann suchen wir nicht mehr nach Schuldigen in der Außenwelt, da wir wissen, dass diese nur eine Spiegelung unserer inneren Welt darstellt. Wenn wir diese wunderbare Erkenntnis tatsächlich in unser Leben integriert haben, erschaffen wir bewusst unsere Welt mit unseren Gedanken. Eine Welt ohne Schuldzuweisungen und Verurteilungen.

Wir werden im wahrsten Sinne des Wortes zum Baumeister unserer Realität. Sie sollten auf Ihr jetziges Leben schauen, es zeigt Ihnen, was Sie gestern gedacht und gefühlt haben.

Ihre Art zu denken hat Sie zu dem gemacht, der sie heute sind, nur wird dieselbe Art zu denken Sie nicht zu dem machen, der Sie in Zukunft gern sein möchten.

Wir Menschen sind wie gegenüberliegende Spiegel, im anderen sehen wir nur uns selbst. In einen richtigen Spiegel blicken wir, um dort Dinge zu entdecken, die wir sonst nicht sehen würden. Ohne das Hilfsmittel des Spiegels würden wir unsere Augenfarbe oder die Form unserer Nase oder unserer Lippen gar nicht kennen. Kein Mensch würde auf die Idee kommen, in den Spiegel zu fassen, mit dem Ziel, sich die Haare zurechtzulegen, sondern er sieht den Spiegel als Hilfsmittel an, um sich die Haare zu kämmen. Ähnlich verhält es sich mit den Menschen, die uns im Leben begegnen und besonders die, mit denen wir die meisten Konflikte haben. Sie sind auch nur ein Spiegel, der uns mit einem Teil unseres Seelenlebens konfrontieren möchte. Das sind Dinge, die wir bei uns selbst ablehnen oder noch nicht integriert haben, obwohl sie vorhanden sind. Diese Spiegelungen sind letztendlich ein wichtiges Hilfsmittel zur Selbsterkenntnis.

Wenn die Menschen diesen Teil, den sie für ihre Unzufriedenheit und Probleme verantwortlich machen, in ihr Leben integrieren, dann sind die ersten Schritte getan, um Glück, Zufriedenheit und Freiheit zu erlangen. Die Voraussetzung dafür ist, dass Sie Ihre Gedankenflut anhalten können.

Das jahrtausendealte, kostenlose Mittel dazu heißt:
Meditation.

In den tiefen Zonen des Meeres ist kein Aufruhr, nicht die winzigste Welle. So ist es auch beim Menschen; gehe zu dieser kristallklaren Stelle und verweile dort. Dort kommt nie die leiseste Störung hin und von dort geht jede Veränderung und Verwandlung aus.

Die Meditation ist am Anfang die Befreiung von unserer Denk-sucht mittels Entzug. Wir sind so verstandesorientiert, dass wir uns ausschließlich mit unseren Gedanken identifizieren. Aber wir sind nicht unsere Gedanken.

Wir müssen die Leere im Kopf oder - anders ausgedrückt - das Anhalten des Gedankenstroms anstreben. Meditation ist der Weg der unausweichlich zu diesem angestrebten Zustand führt und mittlerweile auch immer mehr in der westlichen Welt praktiziert wird. In der Meditation wird das Denken aufgege-ben und die Energie, die zum Denken gebraucht wurde, in Bewusstheit umgewandelt.

Durch täglich angewandte Meditation entsteht nach einer ge-wissen Zeit (mindestens 30 Tage) eine Leere, Stille, ein Zu-stand des Nicht-Suchens.

Hierin ist das enthalten, was Sie im Außen verzweifelt gesucht haben: Frieden, Zufriedenheit und Freude.

„Was immer Du tun kannst oder erträumst zu können, beginn-ne es. Kühnheit besitzt Genie, Macht und magische Kraft. Be-ginne es jetzt."
(Goethe)

DAS 30-TAGE-GEHEIMNIS

Fangen Sie mit einer Veränderung an.
Sobald Sie anfangen zu gehen,
erscheint vor Ihren Füßen
der dazugehörige Weg.

Unser Leben wird durch Glaubenssätze bestimmt, die wiederum zu unseren Gewohnheiten wurden.

Viele Glaubenssätze gehören fest zu unserem Leben. Wir fahren beispielsweise jeden Tag dieselbe Strecke mit dem Auto zur Arbeit, indem wir lenken, schalten, telefonieren etc. Das alles erfolgt unbewusst und ohne darüber nachzudenken. Aufgrund der ständigen Wiederholung installiert sich in uns unmerklich ein Programm, das sich „**Gewohnheit**" nennt. Nachdem 30 Tage lang hintereinander dieselbe Sache immer auf die gleiche Art und Weise ausgeführt wird, entsteht eine Art Automatismus. Der Verstand hat nämlich keine Lust mehr, die Handlung minutiös zu kontrollieren. Er delegiert den Ablauf einfach an das Unterbewusstsein weiter.

Verhaltensforscher haben festgestellt, dass es 30 Tage dauert, bis eine neue Gewohnheit als Programm angelegt wird. Es ist aber auch bekannt, dass Gewohnheiten - speziell schlechte - wie schwere Ketten an uns liegen und wir sie schwer wieder loswerden.

Wer es noch nicht wusste, hat hier das Rezept: Es heißt 30 Tage. Nicht 10, nicht 15 oder 28, nein 30 Tage. Sicherlich fallen Ihnen sofort einige Veränderung ein, die Sie in Ihrem Leben umsetzen wollen: Abnehmen, das Rauchen aufgeben, mehr Zeit für Ihre Kinder haben, mehr Sport treiben, weniger Alkohol trinken, usw.

Das klingt auf den ersten Blick sehr einfach, da praktisch das alte Programm, welches momentan fest installiert ist, lediglich, um das gewünschte Ergebnis zu erreichen, überschrieben werden muss. Bei vielen Menschen bleibt es leider nur beim Wollen und einem zaghaften Versuch. Das alte Programm hat sich mit aller Mühe über Jahre einen festen Platz bei Ihren Gewohnheiten erkämpft. Jetzt versucht es sich, mit allen Mitteln, gegen die begonnene Veränderung zu wehren.

Anfangs müssen wir uns zwingen, denn die neue Handlung ist unangenehm und meist fühlt sie sich fremd an.

Das gilt für vermeintlich Belangloses, wie z. B., dass Sie sich morgens erst waschen und danach die Zähne putzen, statt wie bisher, umgekehrt. Dies gilt aber auch für alles andere: 30 Tage ohne Zigaretten, Alkohol, Nachrichten, Süßigkeiten usw. oder ab jetzt abends früher ins Bett, Meditation, Sport etc..

Ich musste diesen Kampf mehrmals am eigenen Leib erfahren. Vor Jahren hatte ich beispielsweise den Entschluss gefasst, jeden Abend, bevor ich ins Bett ging, einhundert Mal eine bestimmte Suggestion aufzuschreiben. Die Idee kam mir sehr einfach vor. Es lief auch an den ersten Tagen ganz gut, aber nach dem 10. Tag wurde es schwieriger. Kurz vor dem Einschlafen fiel mir noch ein, dass ich vergessen hatte, meine Suggestion einhundert Mal aufzuschreiben. Sofort meldete sich eine andere Stimme in mir, die sagte: „Schlaf weiter, das kannst Du ruhig morgen früh erledigen." Es war für mich eine große Überwindung, aus dem warmen, gemütlichen Bett wieder aufzustehen und einhundert Mal die Suggestion aufzuschreiben.

Mein spiritueller Lehrer hatte mich bereits vorher ermahnt, dass erst nach 30 Tagen die alte Gewohnheit gestorben ist. Ferner sagte er mir, dass, wenn man einen Tag der inneren Stimme nachgibt, man wieder ganz von vorn beginnen muss.

Aber es lohnt sich, die Zeit durchzuhalten, da dadurch das Selbstwertgefühl massiv steigt. Man fühlt sich wohl und ausgeglichen, dies spiegelt sich auch in unserer Umwelt wider. Bei einer durchschnittlichen Lebenserwartung von 75 Jahren sind 30 Tage, um eine schlechte oder schädliche Angewohnheit loszuwerden, ein minimaler Einsatz, bei einer großen Gewinnchance.

Welche Ihrer Angewohnheiten wollten Sie schon immer verändern?

Fangen Sie an, nehmen Sie sich die 30 Tage und programmieren Sie sich selbst um!

Letztendlich ist jeder Einzelne gefragt, bei sich selbst zu beginnen. Mahatma Gandhi hatte es damals so formuliert: **„Sei selbst die Veränderung, die Du in der Welt sehen willst."**

Dafür ist es aber erforderlich, sich frei zu machen von dem „Allgemeinwissen", welches über die Medien vermittelt wird. Wir verdanken die großen Errungenschaften in Wissenschaft, Philosophie und Politik, Visionären, die konträr zur Meinung der Allgemeinheit ihrer Zeit standen.

Beispielsweise musste Sokrates 399 v. Chr. den Giftbecher trinken, weil er die Menschen seiner Zeit animiert hatte, selbstständig zu denken und nicht vorgefertigte Gedankenmuster zu übernehmen.

Ähnlich erging es auch Nicolas Kopernikus, der behauptete, dass sich die Erde um die Sonne dreht. Für die Menschen seiner Zeit war das ein ungeheuerlicher Gedanke, denn sie glaubten, dass die Erde der Mittelpunkt des Universums sei. Dies gehörte zum Allgemeinwissen dieser Zeit und wurde an den Schulen gelehrt. Die Kirche legte nämlich damals fest, dass die Erde das Zentrum für alles ist. Kopernikus Ideen wurden erst 300 Jahre später von der Kirche anerkannt, als ihr keine andere Wahl mehr blieb.

Wir sollten also sehr vorsichtig sein, wenn wir andere für ihre **„ungeheuerlichen Gedanken"** verurteilen. In Zukunft könnten diese auch Teil unserer Realität werden. Überprüfen Sie lieber diese ungeheuerlichen Gedanken und stellen Sie vorgefertigte Meinungen auf den Kopf. Erst dann kann es zu wirklichen Fortschritten in Ihrem Leben kommen.

Bis heute wird beispielsweise noch hartnäckig die Lehre Darwins vertreten, der Mensch stamme vom Affen ab.

Interessant dabei ist, dass die Wissenschaft noch immer nach dem Bindeglied zwischen Affen und Menschen sucht. Es gibt da nämlich ein Problem:

Warum wurden nur einige Affen zu Menschen?
Was wurde aus dem Rest?
Da die Affen ja alles nachäffen, stellt sich die Frage: Warum haben die übrigen Affen es ihnen nicht nachgemacht?

Nach Abertausenden von Jahren sind die Affen immer noch Affen. Oder haben Sie jemals von einem Affen gehört, der plötzlich zum Mensch wurde?

„Wenn etwas neu ist sagen die Leute, Das ist nicht wahr, Später, wenn diese Wahrheit offensichtlich ist, sagen sie ‚Das ist nicht so wichtig'. Zum Schluss, wenn diese Wichtigkeit nicht mehr geleugnet werden kann, sagen sie: ‚Na, das ist doch nichts Neues!'"

(William James)

Die Zeit ist gekommen, sich nicht länger auf äußere Führung, durch Medien, Politik, Schule, etc. zu verlassen. Bei all dem haben wir den liebevollsten und größten Führer übersehen, unsere innere Instanz. Wir müssen endlich anfangen, von außen nach innen zu gehen und dann von innen transformiert wieder nach außen, um unsere Welt zu verändern.

Da dieses Buch, aus den im Vorwort genannten Gründen, nicht in den großen Buchhandlungen zu finden sein wird, wäre es schön, wenn Sie mithelfen würden, das Wissen zu verbreiten.

Sollte Ihnen dieses Buch gefallen haben, dann erzählen Sie es bitte Ihren Freunden und Bekannten und wenn nicht, dann erzählen Sie es doch bitte mir:

info@macht-steuert-wissen.de

Über eine kurze Kundenrezension würde ich mich sehr freuen.

Ihr

Heiko Schrang

JETZT AUCH ALS E-BOOK (deutsch und englisch) SOWIE ALS HÖRBUCH – mit dem bekannten Schauspieler Horst Janson als Sprecher - ERHÄLTLICH!

Nur bei uns im Shop unter: www.macht-steuert-wissen.de

IMAGINE VON JOHN LENNON

Stell Dir vor, es gibt den Himmel nicht,
Es ist ganz einfach, wenn du's nur versuchst.
Keine Hölle unter uns,
Über uns nur Himmel.

Stell dir all die Menschen vor
Leben nur für den Tag.

Stell Dir vor, es gibt keine Länder,
Das fällt einem überhaupt nicht schwer.
Nichts wofür man töten oder sterben würde
und auch keine Religionen.

Stell Dir vor, all die Leute
leben ihr Leben in Frieden.

Du wirst vielleicht sagen, ich sei ein Träumer,
Aber, ich bin nicht der Einzige!
Und ich hoffe, eines Tages wirst auch Du einer von uns sein,
Und die ganze Welt wird eins sein.

Stell Dir vor, keinen Besitz zu haben!
Ich frage mich, ob Du das kannst.
Keinen Grund für Habgier oder Hunger,
Eine Bruderschaft der Menschen.

Stell Dir vor, all die Menschen,
Sie teilen sich die Welt, einfach so!

Du wirst vielleicht sagen, ich sei ein Träumer,
Aber, ich bin nicht der Einzige!
Und ich hoffe, eines Tages wirst auch Du einer von uns sein,
Und die ganze Welt wird eins sein.[230]

TEIL 1:

Allen, Garry	„Die Insider – Baumeister einer „neuen Welt-Ordnung", VAP, 14. erw. Auflage, 1998
Baentsch, Wolfgang	Der Doppelmord an Uwe Barschel, Herbigverlag, erweiterte Neuausgabe, 2008
Balkhausen, Dieter	„Alfred Herrhausen. Macht, Politik und Moral", Econ Verlag, 1991
Baumann, Georg	Atlantikpakt der Konzerne, Verlag Die Wirtschaft GmbH – Berlin, 1952
Bülow, Dr. Andreas von	"Im Namen des Staates - CIA, BND und die kriminellen Machenschaften der Geheimdienste", Pieper Verlag, 2008
Griffin, G. Eduard	Die Kreatur von Jekyll Island: Die US-Notenbank Federal Reserve - Das schrecklichste Ungeheuer, das die internationale Hochfinanz je schuf, Kopp-Verlag, Rottenburg, Neuauflage 2006
Griffin, Des	Wer regiert die Welt? Verlag Mehr Wissen – Kurt Winter, 2. Auflage, 1996
Higham, Charles	Trading with the Enemy: The Nazi American Money Plot 1933-1949, Delacorte Press, 1983

Hodgson Brown, Ellen	Der Dollar Crash: Was Banker Ihnen nicht erzählen - Die schockierende Wahrheit über die US-Notenbank, unser Währungssystem und wie wir uns von ihm befreien können, Kopp-Verlag, Rottenburg, 2008
Jürgenson, Johannes	Die lukrativen Lügen der Wissenschaft, Edition Resolut, 1998
Marsh, David	Die Bundesbank. Geschäfte mit der Macht. C. Bertelsmann GmbH, München, 1994
Marsh, David	Der Euro. Die geheime Geschichte der neuen Weltwährung, Murmann Verlag, 2009.
Ostrovsky, Victor	Geheimakte Mossad, Goldmann Verlag, 1996
Paul, Ron	Befreit die Welt von der US-Notenbank! Warum die Federal Reserve abgeschafft werden muss, Kopp-Verlag, 2010
Weik, Matthias & Marc Friedrich	Der größte Raubzug der Geschichte. Warum die Fleißigen immer ärmer und die Reichen immer reicher werden. Tectum Verlag Marburg, 2012
Wille, Heinrich	Ein Mord, der keiner sein durfte: Der Fall Uwe Barschel und die Grenzen des Rechtsstaates, Rotpunktverlag, Zürich, 1. Auflage, 2011
Wisnewski, Gerhard	Das RAF-Phantom, Droemer Knaur-Verlag, 2008

2. TEIL

Chopra, Deepak   Leben nach dem Tod, Allegria TB, 2010

Detlefsen, Thorwald   Schicksal als Chance, Goldmann Verlag,
                        49. Auflage, 1980

Egli, René   Das Lola-Prinzip, Editions d'Olt, 1999

Lassen, Arthur   Heute ist mein bester Tag, LET-Verlag,
                        1995

Millman, Dan   Der Pfad des friedvollen Kriegers.
                        1. Auflage. Lagato Verlag, Berg, Starn-
                        berger See, 2008

Moody Raymund A.   Das Licht von drüben, rororo, 2004

Tolle, Eckehard   Jetzt! Die Kraft der Gegenwart, Kamp-
                        hausen Verlag, 3. Auflage, 2010

QUELLENVERWEISE

[1] Benannt nach dem Teilnehmer des Treffens auf Jekyll Island, dem republikanischen Senator Nelson Aldrich (1841 - 1915)

[2] http://www.finanzkrise-politik.de/federal_reserve_system_die_fed.html (abgerufen am 29.12.2012)

[3] 16. Zusatzartikel zur amerikanischen Verfassung, der die Erhebung von Einkommenssteuer regelt vom 03.02.1913

[4] „Das schlimmste Gesetzesverbrechen aller Zeiten« – Wie eine Bankenclique die Macht in den USA übernahm, Michael Grandt, Kopp online 16.12.2008

[5] http://de.wikipedia.org/wiki/Ben_Bernanke (abgerufen am 29.12.2012)

[6] http://www.akademikerverband.at/aktuelles4.php (abgerufen am 29.12.2012)

[7] http://www.finanzkrise-politik.de/die_fed_druckansicht.html (abgerufen am 29.12.2012)

[8] "Verantwortung übernehmen - Geht doch!" Ein Artikel von Artur P. Schmidt, Heise / Telepolis

[9] http://www.finanzkrise-politik.de/federal_reserve_system_die_fed.html (abgerufen am 28.12.2012)

[10] http://de.wikipedia.org/wiki/Petrodollar (abgerufen am 29.12.2012)

[11] http://geopolitiker.wordpress.com/2010/11/12/greenspan-us-bankensystem-ist-voller-betrug/ (abgerufen am 29.12.2012)

[12] Die Webside des rep. Kongressabgeordneten Ron Paul - "Abolish the Fed - Ron Paul on CNBC". Video: Congressman Ron Paul, CNBC debate with Faiz Shakir, March 20, 2008.

[13] Die lukrativen Lügen der Wissenschaft, Johannes Jürgenson, S. 401

[14] Die lukrativen Lügen der Wissenschaft, Johannes Jürgenson, S. 401

[15] Vgl. Richard Price, englischer Moralphilosoph, Geistlicher und Ökonom „Josephspfennig"

[16] „Sachwert schlägt Geldwert", Paul C. Martin, Wirtschaftsverlag 1992

[17] „Herrscher oder Diener", Gottfried Hetzer, BoD, 2009

[18] „Schuldenstaat: Zinsen sind bereits zweitgrößter Posten im Bundeshaushalt", Deutsche Mittelstandsnachrichten, 15.07.2012

[19] „Die lukrativen Lügen der Wissenschaft", Johannes Jürgensen, Edition Resolut, S. 385

[20] „Die Geldordnung aus verfassungsrechtlicher Sicht, Dieter Suhr, Augsburg http://userpage.fu-berlin.de/~roehrigw/suhr/go_aus_vs.pdf (abgerufen am 29.12.2012)

[21] „Geld ohne Zinsen und Inflation", Margit Kennedy, Goldmann Verlag, 1991

[22] „Der Preis der Einheit" Spiegel 39/2010, 27.09.2010

[23] Zeitschrift CODE, Nr. 2 Ausgabe, Februar 1992

[24] „Mitterrand fordert Euro als Gegenleistung für die Einheit", Spiegel.de, 25.09.2010

[25] „Die Bundesbank. Geschäfte mit der Macht", David Marsh, Goldmann Verlag, 1994

[26] „Die Bundesbank. Geschäfte mit der Macht", David Marsh, Goldmann Verlag, 1994

[27] „Dunkelste Stunden" Der Spiegel, 18/1998, 27.04.1998

[28] „155 Professoren fordern die Verschiebung der Währungsunion, Die Zeit, 12.02.1998

[29] „Hans-Werner Sinn, die Euro-Krise und der Stammtisch, Financial Times Deutschland, 06.07.2012

[30] "Francois Mitterrand und die Wiedervereinigung, 29.12.2009, arte

[31] Finanzkommentar, Anatole Kaletsky, The Times, 19.11.1996

[32] Gegründet in Paris am 17.04.1983, www.ert.eu

[33] „Dunkelste Stunden", Der Spiegel, 18/1998, 27.04.1998

[34] Die Brüsseler Republik, Dirk Koch, Der SPIEGEL 52/1999, S. 136

[35] Die Brüsseler Republik, Dirk Koch, Der SPIEGEL 52/1999, S. 136

[36] „Harsche EU-Kritik an Österreichs Widerstand gegen Griechenhilfe", Der Standard.at, 18.05.2011, http://derstandard.at/1304552201022/Schutzschirm-Profiteur-Harsche-EU-Kritik-an-Oesterreichs-Widerstand-gegen-Griechenhilfe (abgerufen am 29.12.2012)

[37] FAZ 10.5.2011

[38] Es ist Zeit für Deutschland wieder aufzustehen, Focus 34/2010, 23.08.2010

[39] „Jurys out" on future of Europe, EU doyen says, EU Observer, 16.3.2009: http://euobserver.com/843/27778 (abgerufen am 28.12.2012)

[40] „Zukunft Euro: Stabilität durch Wandel, Gastbeitrag von Mario Draghi, Präsident der EZB, in DIE ZEIT, 29.08.2012

[41] TUI fürchtet die Drachme, Süddeutsche Zeitung, 06.11.2011

[42] „So funktioniert der Code auf den Euro-Scheinen.", Die Welt, 03.06.2012, http://www.welt.de/finanzen/article106410238/So-funktioniert-der-Code-auf-den-Euro-Scheinen.html (abgerufen am 21.11.2012)

[43] „Verschwörungstheorie um den Euro", Financial Times Deutschland, 19.11.2011

[44] „Angst vor dem Griechen-Euro", Wirtschaftswoche, 12.03.2009, http://www.wiwo.de/finanzen/euro-banknoten-angst-vor-dem-griechen-euro/5141984.html (abgerufen am 21.11.2012)

[45] „Was wird aus den Griechen-Euros in meinem Portemonnaie?" 29.05.2012 Bild.de

[46] Jens-Peter Bonde, Mitglied des Europäischen Parlaments in:"New name - Same content", Seite 17

[47] Am 25.03.1957 mit der Unterzeichnung der römischen Verträge durch Belgien, Frankreich, Italien, Luxemburg, Niederlande und Deutschland gegründet.

[48] 1993 erfolgte die Umbenennung der EWG in die EG. Auflösung am 01.12.2009.

[49] 1992 mit dem Vertrag von Maastrich gegründet.

[50] Jean Monnet (1888-1979). franz.Unternehmer , gilt als Vater der europäischen Integrationsidee

[51] MMNews, Interview mit Nigel Farage vom 26.09.2010, http://www.mmnews.de/index.php/politik/6499-nigel-farage-deutsche-sollen-dm-wieder-einfuehren (abgerufen 21.11.2012)

[52] So Bruno Bandulet, Herausgeber des DeutschlandBriefs am 19. Juli bei einem Vortrag in Zürich, Mitschrift unter: http://www.miprox.de/Sonstiges/EU-Macht-und-Ideologie.html (abgerufen: 21.11.2012)

[53] „Europäische Union, Gewalt gegen Zeugen" FOCUS Magazin | Nr. 50 (1998)

[54] Nigel Farage (United Kingdom Independence Party), Redebeitrag im Europäischen Parlament am 24.02.2010 http://www.youtube.com/watch?feature=player_embedded&v=oD7evLvle8g# (abgerufen am 21.11.2012)

[55] „Wie ein Freizeit-Börsianer die BBC narrte." Spiegel-online.de, 28.09.2011, http://www.spiegel.de/wirtschaft/youtube-hit-wie-ein-freizeit-boersianer-die-bbc-narrte-a-788954.html (abgerufen: 21.11.2012)

[56] „BBC Financial expert Alessio Rastani: I'm a attention seeker not a trader!" The Telegraph, 27.09.2011

[57] ARTE, Dokumentation vom 19.09.2012 „Goldman Sachs – eine Bank regiert die Welt. (schon kurz nach dem Erscheinen nicht mehr über die Arte-Mediathek abrufbar)

[58] ARTE, Dokumentation vom 19.09.2012 „Goldman Sachs – eine Bank regiert die Welt. (schon kurz nach dem Erscheinen nicht mehr über die Arte-Mediathek abrufbar)

[59] ARTE, Dokumentation vom 19.09.2012 „Goldman Sachs – eine Bank regiert die Welt. (schon kurz nach dem Erscheinen nicht mehr über die Arte-Mediathek abrufbar)

[60] Mit Swaps können Zahlungsströme getauscht werden. Dadurch können gezielt finanzielle Risiken optimiert werden.

[61] LeMonde, presseurop.eu, 16.11.2011

[62] FAZ 9.11.2009

[63] Der Dawes-Plan vom 16.08.1924 regelte die Reparationszahlungen Deutschlands an die Siegermächte des 1. Weltkrieges.

[64] Der Dawes-Plan ist der letzte der Reparationspläne, die die Zahlungsverpflichtungen des Deutschen Reichs aufgrund des Versailler Vertrages regelten (1929/1930).

[65] Wer regiert die Welt, Des Griffin

[66] FAZ, 22.12.1998

[67] „Öl für den Führer", FAZ, 11.02.1999, S. 50

[68] „Öl für den Führer", FAZ, 11.02.1999, S. 50

[69] Max Warburg (1867-1946) und Paul Warburg (1868 -1932) waren beide Söhne der Hamburger Bankiersfamilie Warburg. Paul Warburg war Mitinitiator der Federal Reserve Bank.

[70] "Trading with the Enemy: An Expose of the Nazi-American Money Plot 1933-1949" von Charles Higham

[71] „Öl für den Führer", FAZ, 11.02.1999, S. 50

[72] „Öl für den Führer", FAZ, 11.02.1999, S. 50

[73] „Öl für den Führer", FAZ, 11.02.1999, S. 50

[74] „Öl für den Führer", FAZ, 11.02.1999, S. 50

[75] http://en.wikipedia.org/wiki/Prescott_Bush (abgerufen am 29.12.2012)

[76] Trading with the Enemy: The Nazi American Money Plot 1933-1949, New York, Backinprint.com, 1983, S. XVII

[77] Die Welt, Das große Ringen um Deutschlands Gold, 08.11.2011

[78] EFSF (European Financial Stability Facility) eine AG nach luxemburgischen Recht. Am 07.06.2010 gegründet, soll allerdings im Juni 2013 auslaufen.

[79] Udo Ulfkotte, Höhenflug der Edelmetalle: Und wo sind die deutschen Goldreserven? Kopp-Verlag 08.12.2010

[80] Gerd-Helmut Komossa, "Die deutsche Karte: Das versteckte Spiel der geheimen Dienste", Ein Amtschef des MAD berichtet, Ares Verlag

[81] Die Zeit, Drei Briefe und ein Staatsgeheimnis von Egon Bahr vom 14.05.2009

[82] Süddeutsche.de, Bundesbank-Gold: Bundesbank muss Inventur aller Gold-reserven durchführen. 22.10.2012

[83] Handelsblatt, „Rechnungshof will deutsche Goldreserven" vom 22.10.2012

[84] Handelsblatt, „Rechnungshof will deutsche Goldreserven" vom 22.10.2012

[85] Lager für die Goldreserve des Schatzamtes der Vereinigten Staaten auf einem Stützpunkt der US-Armee im US-Bundesstaat Kentucky

[86] Geld, bei welchem seitens z.b. der Zentralbank keine Einlöseverpflichtung, z.b. in Gold oder Silber besteht und dessen Akzeptanz durch gesetzliche Vorschriften – der Erklärung zum gesetzlichen Zahlungsmittel erreicht wird. Zentralbankgeld = Euro, US-Dollar

[87] „Fake Gold Bars in Fort Knox!" Viewzone.com, 04.12.2009 http://www.viewzone.com/fakegold.html (abgerufen 26.11.2012)

[88] „Fake Gold Bars in Fort Knox!" Viewzone.com, 04.12.2009 http://www.viewzone.com/fakegold.html (abgerufen 26.11.2012)

[89] Sander, RMS Lusitania, The Ship and Her Record Stout, 2009, S. 92-94

[90] Walter A. Hazen: Everydaylife: World War I: with cross-curricular activities in each Chapter, Good Year Books, 2006, S. 52

[91] Daily Mail, "Secret of the Lusitania: Arm find challenges Allied claims it was solely a passenger ship", 20.12.2008

[92] http://www1.wdr.de/themen/archiv/stichtag/stichtag6168.html (abgerufen am 28.12.2012)

[93] Der Spiegel vom 13.11.1967, 47/1967 „Magie und Purpur" http://www.spiegel.de/spiegel/print/d-46209486.html (abgerufen am 28.12.2012)

[94] Vgl. George Morgenstern, Pearl Harbor 1941, Herbig Verlag

[95] Arte, Geschichte der CIA, http://archives.arte.tv/de/archive_419121.html (abgerufen am 23.11.2012)

[96] „500.000 Tote für den Wahlkampf, TAZ, 18.06.2001 http://www.taz.de/1/archiv/archiv/?dig=2001/06/18/a0126 (abgerufen: 23.11.2012)

[97] „Die Akte Kissinger", Christopher Hitchens, DVA, 2001

[98] „Krieg gegen den Terror, teurer als Vietnam-Krieg, Spiegel.online, 15.01.2009, http://www.spiegel.de/politik/ausland/neue-schaetzungen-krieg-gegen-den-terror-teurer-als-vietnam-krieg-a-459765.html (abgerufen am 23.11.2012)

[99] Tim Weiner, 2008, Seite 330. Weiner zitiert dort etliche Zeilen aus dem „Eingeständnis" der NSA, ein Angriff durch Nordvietnam habe nicht stattgefunden, er sei vorgetäuscht worden.

[100] „Der gefährlichste Mann in Amerika", Dokumentation, Elsberg, arte 21.04.2010

[101] „Saddam Hussein und Desert Storm" http://www.staatsfeind.net/Die_Akte/46G.HTM (abgerufen am 23.11.2012)

[102] Engdahl, S. 332-333

[103] „Die Hintergründe des nächsten Golfkrieges" http://de.indymedia.org/2002/10/31588.shtml (abgerufen am 28.12.2012)

[104] „Die Hintergründe des nächsten Golfkrieges" http://de.indymedia.org/2002/10/31588.shtml (abgerufen am 28.12.2012)

[105] http://de.wikipedia.org/wiki/Brutkastenl%C3%BCge (abgerufen, 23.11.2012)

[106] http://www.wahrheitssuche.org/kriegspropaganda.html (abgerufen 23.11.2012)

[107] http://www.wahrheitssuche.org/kriegspropaganda.html (abgerufen 23.11.2012)

[108] „Deception on Capitol Hill", The New York Times, 15.01.1992

[109] Chronologie des Irakkriegs: Massenvernichtungswaffen oder Erdöl ? http://www.upi-institut.de/irakkrieg.htm (abgerufen 23.11.2012)

[110] „Lügen im Irakkrieg-Die langen Nasen von Powell & Co. Süddeutsche.de, 18.03.2008 http://www.sueddeutsche.de/politik/luegen-im-irakkrieg-die-langen-nasen-von-powell-amp-co-1.264076 (abgerufen am 23.11.2012)

[111] *1928, polnisch-amerikanischer Politwissenschaftler

[112] Neue Züricher Zeitung, 12.11.2001

[113] Talibans Ausmerzung des Mohns verursacht Krämpfe im Opiummarkt, New York Times, 13.06.2001

[114] Internationale Sicherheitsunterstützungstruppe (aus dem Englischen: *International Security Assistance Force*, kurz ISAF, eine Sicherheits- und Aufbaumission unter NATO-Führung im Rahmen des Krieges in Afghanistan.

[115] Regierungen sind die größten Drogenhändler, Schall und Rauch, 28.05.2012, http://alles-schallundrauch.blogspot.de/2012/05/regierungen-sind-die-grossten.html (abgerufen am 23.11.2012)

[116] http://de.wikipedia.org/wiki/Frieder_Wagner (abgerufen 23.11.2012)

[117] Der Film verschwand in den Archiven und es findet sich bis heute kein Filmverleih.

[118] http://lukrezia-jochimsen.de/wahlkreis/cafe-gedanken-frei/12-2008/cafe-gedanken-frei-todesstaub/ (abgerufen am 26.11.2012)

[119] „Gaddafi hockt auf 150 Tonnen Gold", Financial Times Deutschland, 22.03.2011

[120] „So grausam war Gaddafi", Schweiz Magazin, 27.10.2011 http://www.schweizmagazin.ch/news/ausland/8852-grausam-war-Gaddafi.html (abgerufen am 26.11.2012)

[121] Great-Man-Made-River-Projekt, lybien.com, http://libyen.com/Wirtschaft/Great-Man-Made-River-Projekt# (abgerufen am 26.11.2012)

[122] http://www.politaia.org/kriege/die-libysche-revolution-und-die-gigantischen-libyschen-wasserreserven-politaia-org/ (abgerufen am 26.11.2012)

[123] "Öl und Wasser in Hülle und Fülle – und doch kein Paradies für die Armen.", Alfred Hackensberger, Das Parlament, Nr. 32-33, 09.08.2010

[124] Völkermord in Ruanda - Wikipedia http://de.wikipedia.org/wiki/V%C3%B6lkermord_in_Ruanda#cite_note-Edwards_2008-95 (abgerufen: 26.11.2012)

[125] „Schritt für Schritt aus der Apokalypse", Michael Birnbaum, Süddeutsche Zeitung, 1./2. April 1999, Seite 13

[126] 3. Präsident der Vereinigten Staaten und Hauptverfasser der Unabhängigkeitserklärung.

[127] „Kein Meister traf den Kopf der Puppe.", Spiegel, 15/1967, 03.04.1967

[128] „Beyond ‚JFK': The Question of Conspiracy", Dokumentarfilm, USA 1992

[129] „Beyond ‚JFK': The Question of Conspiracy", Dokumentarfilm, USA 1992

[130] Warren Kommission - offizieller Name: Kommission des Präsidenten über die Ermordung von Präsident Kennedy - wurde von Lyndon B. Johnson am 29.11.1963 einberufen, um die Umstände des Attentats zu untersuchen. Benannt nach dem Vorsitzenden Earl Warren, damals Oberster Richter am Supreme Court.

[131] „Beyond ‚JFK': The Question of Conspiracy", Dokumentarfilm, USA 1992

[132] „Beyond ‚JFK': The Question of Conspiracy", Dokumentarfilm, USA 1992

[133] "When Ben-Gurion said no to JFK", Jerusalem Post, 28.03.2010, http://www.jpost.com/Opinion/Op-EdContributors/Article.aspx?id=171997 (abgerufen am: 03.12.2012)

[134] "Der heimliche Dritte im Bunde", Michael Collins Piper, Zeitenschrift Nr. 50/2006

[135] "Der heimliche Dritte im Bunde", Michael Collins Piper, Zeitenschrift Nr. 50/2006

[136] Rede des Präsidenten mit dem Titel: "The President and the Press: Address before the American Newspaper Publishers Association", US President John F. Kennedy at the Waldorf-Astoria Hotel in New York City, April 27, 1961.

[137] David Rockefeller: Memoirs, 2002 Dies sagte David Rockefeller am Bilderberger-Treffen im 6. – 9. Juni 1991 in Baden-Baden

[138] Die Trilaterale Kommission ist eine auf Betreiben David Rockefellers im Juli 1973 bei einer Bilderberg-Konferenz gegründete private, politikberatende Gruppe. Die *Kommission* ist eine Gesellschaft mit ca. 400 der einflussreichsten Mitgliedern aus den drei großen internationalen Wirtschaftsblöcken Europa, Nordamerika und Japan und einigen ausgesuchten Vertretern außerhalb dieser Wirtschaftszonen.

[139] http://www.maebrussell.com/Disappearing%20Witnesses/Disappearing%20Witnesses.html (abgerufen am 29.12.2012)

[140] „Wer ermordete Rohwedder?", 01.04.1991, http://nhzzs.blogspot.de/2010/09/wer-ermordete-rohwedder-1-april-1991.html (abgerufen am 26.11.2012)

[141] Handelsblatt 26.11.1990

[142] „Neue Spuren im Fall Rohwedder", Die Welt, 17.02.1998

143
http://de.verschwoerungstheorien.wikia.com/wiki/Detlev_Karsten_Rohwedder
(abgerufen am 28.12.2012)

[144] http://www.alice-dsl.net/steinholzklotz/anleihen.html (abgerufen am
19.11.2012)

[145] „Das RAF-Phantom", Gerhard Wisnewski, Knaur Verlag, 2008

[146] http://www.alice-dsl.net/steinholzklotz/anleihen.html (abgerufen,
19.11.2012)

[147] Das Zehn-Punkte-Programm bezeichnet die Forderungen des damaligen
Bundeskanzlers Helmut Kohl zu Neuregelungen für eine Vereinigung Deutschlands und Europas in einer Rede vor dem Deutschen Bundestag am 28. November 1989.

[148] http://www.alice-dsl.net/steinholzklotz/anleihen.html (abgerufen am
19.11.2012)

[149] http://www.alice-dsl.net/steinholzklotz/teil3.html (abgerufen am
19.11.2012)

[150] http://www.alice-dsl.net/steinholzklotz/teil3.html (abgerufen am
19.11.2012)
[151] http://www.luebeck-kunterbunt.de/TOP100/Ungeklaerte_Morde.htm (abgerufen 28.12.2012)

[152] Tochtergesellschaft des Morgan-Imperiums

[153] http://de.wikipedia.org/wiki/Alfred_Herrhausen (abgerufen am 28.12.2012)

[154] http://www.wahrheitssuche.org/raf.html (abgerufen am 28.12.2012)

[155] http://www.wahrheitssuche.org/raf.html (abgerufen am 28.12.2012)

[156] http://www.solidaritaet.com/neuesol/2004/49/zepp-lar.htm (abgerufen am
19.11.2012)

[157] „Barschels Todesfoto in bester Qualität", Gerhard Wisnewski, kopp-online,
23.11.2010 http://info.kopp-verlag.de/hintergruende/deutschland/gerhard-
wisnewski/exklusiv-barschels-todesfoto-in-bester-qualitaet-.html (abgerufen
am 26.11.2012)

[158] „Barschels Todesfoto in bester Qualität", Gerhard Wisnewski, kopp-online, 23.11.2010 http://info.kopp-verlag.de/hintergruende/deutschland/gerhard-wisnewski/exklusiv-barschels-todesfoto-in-bester-qualitaet-.html (abgerufen am 26.11.2012)

[159] Wolfgang Baentsch, „Der Doppelmord an Uwe Barschel", Herbig Verlag, 5. erweiterte Auflage, 2008

[160] Der Fall Barschel, ZDF-History, Sendung vom 07.10.2012

[161] „Ein Mord, der keiner sein durfte – Ex-Chefermittler im Fall Barschel packt aus", 3Sat, 31.08.2011 http://www.3sat.de/page/?source=/kulturzeit/lesezeit/156483/index.html (abgerufen am 28.12.2012)

[162] „Ein Mord, der keiner sein durfte – Ex-Chefermittler im Fall Barschel packt aus", 3Sat, 31.08.2011 http://www.3sat.de/page/?source=/kulturzeit/lesezeit/156483/index.html (abgerufen am 28.12.2012)

[163] „Mord ist wahrscheinlicher geworden", Focus-online, 01.08.2012 http://www.focus.de/politik/deutschland/tid-26736/fall-uwe-barschel-mord-ist-wahrscheinlicher-geworden_aid_791127.html (abgerufen: 26.11.2012)

[164] „Ein Mord, der keiner sein durfte – Ex-Chefermittler im Fall Barschel packt aus", 3Sat, 31.08.2011 http://www.3sat.de/page/?source=/kulturzeit/lesezeit/156483/index.html (abgerufen 28.12.2012)

[165] Die Welt, 27.09.2011, „Sichergestelltes Haar im Fall Barschel verschwunden"

[166] „Ein Mord, der keiner sein durfte – Ex-Chefermittler im Fall Barschel packt aus", 3Sat, 31.08.2011 http://www.3sat.de/page/?source=/kulturzeit/lesezeit/156483/index.html (abgerufen 28.12.2012)

[167] Die Welt, CDU-Politiker will neue Ermittlungen im Fall Barschel, 21.11.2012

[168] Die Süddeutsche Zeitung, Drei alte Männer auf Mördersuche, 22.11.2010

[169] Die Welt, Neue Spur im Fall Barschel – Sie führt zum Mossad 21.11.2010

[170] Die Welt, CDU-Politiker will neue Ermittlungen im Fall Barschel, 21.11.2012

[171] „Ein Mord, der keiner sein durfte – Ex-Chefermittler im Fall Barschel packt aus", 3Sat, 31.08.2011 http://www.3sat.de/page/?source=/kulturzeit/lesezeit/156483/index.html (abgerufen 28.12.2012)

[172] Die Welt, CDU-Politiker will neue Ermittlungen im Fall Barschel, 21.11.2012

[173] Wolfgang Baentsch, „Der Doppelmord an Uwe Barschel", Herbig Verlag, 5. erweiterte Auflage, 2008

[174] „Uwe Barschel, der Tote im Zimmer 317." Die Welt, 21.11.2010 http://www.welt.de/politik/deutschland/article11104929/Uwe-Barschel-der-Tote-in-Zimmer-317.html (abgerufen 26.11.2012)

[175] Kulturzeit extra, 30 März 2012 um 22:45 Uhr: "Buback" 3sat Kulturzeit - BUBACK - RAF - bleibt der Staat Herr der Geschichte?

[176] Kulturzeit extra, 30 März 2012 um 22:45 Uhr: "Buback" 3sat Kulturzeit - BUBACK - RAF - bleibt der Staat Herr der Geschichte?

[177] „Möllemann: Israelischer Geheimdienst erpresst FDP-Chef Westerwelle", Stern, 11.03.2003, http://www.presseportal.de/pm/6329/427723/stern-moellemann-israelischer-geheimdienst-erpresst-fdp-chef-westerwelle-israelische-regierung (abgerufen 28.12.2012)

[178] „Möllemann: Israelischer Geheimdienst erpresst FDP-Chef Westerwelle, Stern, 11.03.2003, http://www.presseportal.de/pm/6329/427723/stern-moellemann-israelischer-geheimdienst-erpresst-fdp-chef-westerwelle-israelische-regierung (abgerufen 28.12.2012)

[179] Ich spring heute einen Einzelstern", Stern, 10.06.2003.

[180] „Ich spring heute einen Einzelstern", Stern, 10.06.2003.

[181] „Verschwörungstheorien, Möllemann & der Mossad", ntv, 11.03.2003

[182] Möllemann: Mossad erpresst FDP-Chef, 11.03.2003, RP-ONLINE, http://www.rp-online.de/politik/moellemann-mossad-erpresst-fdp-chef-1.2288597

[183] Flugzeugbrand Blankensee, http://www.feuerwehr-krummesse.de/einsatze/groeinsaetze/flugzeugbrandblankensee.php (abgerufen 28.11.2012)

[184] „Bei Absprung Mord", Berliner Zeitung, 17.01.2000, http://www.berliner-zeitung.de/archiv/fallschirmspringer-soll-aus-verschmaehter-liebe-kameradin-

getoetet-haben---schirm-manipuliert-bei-absprung-mord,10810590,9758762.html

[185] „Hinweise auf Selbstmord verdichten sich", FAZ, 07.06.2003

[186] Marc Dutroux, * 1956, belgischer Mörder und Sexualstraftäter

[187] Die Spur des Kinderschänders", ZDF vom 30. Januar 2001

[188] „Tod eines Staatsanwalts", Die Zeit, 26.02.2004

[189] Marc Verwilghen, *1952, Beligscher Politiker, Justizminister Belgiens 1999-2003

[190] „Überfordert, erpresst oder ermordet", Die Welt, 20.07.1999

[191] Die Spur des Kinderschänders", ZDF vom 30. Januar 2001

[192] „Prozess gegen das Unfassbare", Süddeutsche Zeitung,, 19.05.2010
http://www.sueddeutsche.de/panorama/hintergrund-prozess-gegen-das-unfassbare-1.923176 (abgerufen 28.11.2012)

[193] Dossier pédophilie - le scandale des l'affaire Dutroux, Jean Nicolas und Frédéric Lavachery, Flammarion,2001

[194] Belgiens König Albert tritt noch in diesem Jahr zurück, Die Welt, 19.08.2001

[195] „Der Fall Marc Dutroux", Jörg Stolzenberger, Aufklärungsgruppe Krokodil, 26.02.2004 http://www.aufklaerungsgruppe-krokodil.de/DerFallMarcDutroux_1_neu.pdf

[196] „Der Fall Marc Dutroux", Jörg Stolzenberger, Aufklärungsgruppe Krokodil, 26.02.2004 http://www.aufklaerungsgruppe-krokodil.de/DerFallMarcDutroux_1_neu.pdf (abgerufen 28.11.2012)

[197] „Alles nicht so schlimm", Junge Freiheit, 10.08.2001,
http://www.jungefreiheit.de/?id=154&print=1&type=98&tx_ttnews[tt_news]=48512&no_cache=1 (abgerufen 28.11.2012)

[198] Der Fall Marc Dutroux, Jörg Stolzenberger, Aufklärungsgruppe Krokodil, 26.02.2004 http://www.aufklaerungsgruppe-krokodil.de/DerFallMarcDutroux_1_neu.pdf (abgerufen 28.11.2012)

[199] „Justizirrtümer und Ermittlungspannen am laufenden Band", Spiegel-online, 18.02.2004 http://www.spiegel.de/panorama/chronik-justizirrtuemer-und-

ermittlungspannen-am-laufenden-band-a-286892-druck.html (abgerufen
28.11.2012)

[200] Die verschwundenen und ermordeten Kinder – eine Staatsaffäre von
Françoise Van de Morteel, 20.04.1999,
http://old.radicalparty.org/belgium/bambini_scomparsi_t.htm (abgerufen
28.12.2012)

[201] „In keines Volkes Namen", FOCUS, Nr. 43/1996, 21.10.1996

[202] "Sachsen-Sumpf" Verfassungsgericht befasst sich erneut
mit Korruptionsaffäre, Der Honigmann, 13.01.2012
http://derhonigmannsagt.wordpress.com/2012/01/13/sachsen-sumpf-
verfassungsgericht-befasst-sich-erneut-mit-korruptionsaffare/ (abgerufen
28.12.2012)

[203] „Die Grenzen der Nächstenliebe, spiegel online, 22.08.2012
http://www.spiegel.de/panorama/justiz/sexualmorde-geplante-freilassung-
von-dutroux-komplizin-empoert-belgier-a-851310.html (abgerufen
28.12.2012)

[204] John Robinson, 1739-1805, Schottischer Physiker und Mathematiker

[205] Die Macht der Quadratmeile, WOZ Nr. 11/2012 vom 15.03.2012

[206] http://www.wissensmanufaktur.net/city-of-london (abgerufen 28.12.2012)

[207] Aubrey Menen in der London Time-Life, 1976, S. 16

[208] Vergleichbar mit einem Stadttor

[209] http://www.wissensmanufaktur.net/city-of-london (abgerufen 28.12.2012)

[210] Coningsby, 1844 (Coningsby, The Century Co., New York, 1907, S. 233).

[211] http://de.wikipedia.org/wiki/Bilderberg-Konferenz (abgerufen 28.12.2012)
[212] http://de.wikipedia.org/wiki/Liste_von_Teilnehmern_an_Bilderberg-
Konferenzen (abgerufen 28.12.2012)

[213] Council on Foreign Relations, der *Rat für auswärtige Beziehungen* ist ein
privates amerikanisches Studienzentrum.

[214] http://www.wahrheitssuche.org/neueweltordnung.html (abgerufen:
05.12.2012)

215 „Die Insider – Baumeister einer „neuen Welt-Ordnung", Garry Allen, VAP, 14. erw. Auflage, 1998

216 http://derhonigmannsagt.wordpress.com/tag/churchill/ (abgerufen: 05.12.2012)

217 http://derhonigmannsagt.wordpress.com/tag/churchill/ (abgerufen: 05.12.2012)

218 US-Kongreßmitglied im Jahr 1976; getötet beim Absturz eines Korean Airline Jumbos.

219 http://de.wikipedia.org/wiki/Neue_Weltordnung (abgerufen: 28.12.2012)

220 http://www.politonline.ch/index.cfm?content=news&newsid=10 (abgerufen: 05.12.2012)

221 David Rockefeller´s Memoirs, p. 405

222 http://www.wahrheitssuche.org/neueweltordnung.html (abgerufen: 05.12.2012)

223 http://www.wahrheitssuche.org/neueweltordnung.html (abgerufen: 05.12.2012)

224 http://www.wahrheitssuche.org/neueweltordnung.html (abgerufen: 05.12.2012)

225 Geo-Wissen Ausgabe Nr. 2, 1990, »Chaos und Kreativität«

226 Hiob, 23,25

227 „Das ABC von Glück und Weisheit", Jiddu Krishnamurti, Lotos Verlag, S. 58

228 Umberto Eco, Der Name der Rose, dtv, 1. Auflage, 1986

229 Mensch im All ZDF Kultur 24.05.2011 sagte Dr. Susanne Hüttemeister Astronomin studierte Physik und Astronomie. Sie forschte u.a. in den USA und ist jetzt Direktorin des Planetariums in Bochum. Außerdem forscht und lehrt sie als Professorin an der Ruhr-Universität Bochum.

230 Übersetzung aus dem Englischen.

249